全国普法学习读本
★ ★ ★ ★ ★

>>>>>>>>>>

突发事件法律法规学习读本

突发事件专项法律法规

■ 胡元斌　主编

加大全民普法力度，建设社会主义法治文化，树立宪法法律
至上、法律面前人人平等的法治理念。

—— 中国共产党第十九次全国代表大会《决胜全面建
成小康社会　夺取新时代中国特色社会主义伟大胜利》

汕头大学出版社

图书在版编目（CIP）数据

突发事件专项法律法规／胡元斌主编. -- 汕头：
汕头大学出版社，2023.4（重印）
　（突发事件法律法规学习读本）
　ISBN 978-7-5658-3447-9

　Ⅰ.①突… Ⅱ.①胡… Ⅲ.①突发事件-处理-行政
法-中国 Ⅳ.①D922.14

　中国版本图书馆 CIP 数据核字（2018）第 006236 号

突发事件专项法律法规 TUFA SHIJIAN ZHUANXIANG FALÜ FAGUI

主　　编：胡元斌
责任编辑：邹　峰
责任技编：黄东生
封面设计：大华文苑
出版发行：汕头大学出版社
　　　　　广东省汕头市大学路 243 号汕头大学校园内　　邮政编码：515063
电　　话：0754-82904613
印　　刷：三河市元兴印务有限公司
开　　本：690mm×960mm 1/16
印　　张：18
字　　数：226 千字
版　　次：2018 年 1 月第 1 版
印　　次：2023 年 4 月第 2 次印刷
定　　价：59.60 元（全 2 册）
ISBN 978-7-5658-3447-9

前　言

习近平总书记指出："推进全民守法，必须着力增强全民法治观念。要坚持把全民普法和守法作为依法治国的长期基础性工作，采取有力措施加强法制宣传教育。要坚持法治教育从娃娃抓起，把法治教育纳入国民教育体系和精神文明创建内容，由易到难、循序渐进不断增强青少年的规则意识。要健全公民和组织守法信用记录，完善守法诚信褒奖机制和违法失信行为惩戒机制，形成守法光荣、违法可耻的社会氛围，使遵法守法成为全体人民共同追求和自觉行动。"

中共中央、国务院曾经转发了中央宣传部、司法部关于在公民中开展法治宣传教育的规划，并发出通知，要求各地区各部门结合实际认真贯彻执行。通知指出，全民普法和守法是依法治国的长期基础性工作。深入开展法治宣传教育，是全面建成小康社会和新农村的重要保障。

普法规划指出：各地区各部门要根据实际需要，从不同群体的特点出发，因地制宜开展有特色的法治宣传教育坚持集中法治宣传教育与经常性法治宣传教育相结合，深化法律进机关、进乡村、进社区、进学校、进企业、进单位的"法律六进"主题活动，完善工作标准，建立长效机制。

特别是农业、农村和农民问题，始终是关系党和人民事业发展的全局性和根本性问题。党中央、国务院发布的《关于推进社会主义新农村建设的若干意见》中明确提出要"加强农村法制建设，深入开展农村普法教育，增强农民的法制观念，提高农民依法行使权利和履行义务的自觉性。"多年普法实践证明，普及法律知识，提高法制观念，增强全社会依法办事意识具有重要作用。特别是在广大农村进行普法教育，是提高全民法律素质的需要。

多年来，我国在农村实行的改革开放取得了极大成功，农村发生了翻天覆地的变化，广大农民生活水平大大得到了提高。但是，由于历史和社会等原因，现阶段我国一些地区农民文化素质还不高，不学法、不懂法、不守法现象虽然较原来有所改变，但仍有相当一部分群众的法制观念仍很淡化，不懂、不愿借助法律来保护自身权益，这就极易受到不法的侵害，或极易进行违法犯罪活动，严重阻碍了全面建成小康社会和新农村步伐。

为此，根据党和政府的指示精神以及普法规划，特别是根据广大农村农民的现状，在有关部门和专家的指导下，特别编辑了这套《全国普法学习读本》。主要包括了广大人民群众应知应懂、实际实用的法律法规。为了辅导学习，附录还收入了相应法律法规的条例准则、实施细则、解读解答、案例分析等；同时为了突出法律法规的实际实用特点，兼顾地方性和特殊性，附录还收入了部分某些地方性法律法规以及非法律法规的政策文件、管理制度、应用表格等内容，拓展了本书的知识范围，使法律法规更"接地气"，便于读者学习掌握和实际应用。

在众多法律法规中，我们通过甄别，淘汰了废止的，精选了最新的、权威的和全面的。但有部分法律法规有些条款不适应当下情况了，却没有颁布新的，我们又不能擅自改动，只得保留原有条款，但附录却有相应的补充修改意见或通知等。众多法律法规根据不同内容和受众特点，经过归类组合，优化配套。整套普法读本非常全面系统，具有很强的学习性、实用性和指导性，非常适合用于广大农村和城乡普法学习教育与实践指导。总之，是全国全民普法的良好读本。

目　录

生产安全事故应急预案管理办法

教育重大突发事件专项督导暂行办法

保险业重大突发事件应急处理规定

中国人民银行突发事件应急预案管理办法

国家综合突发事件应急预案

生产安全事故应急预案管理办法

国家安全生产监督管理总局令

第 88 号

修订后的《生产安全事故应急预案管理办法》已经 2016 年 4 月 15 日国家安全生产监督管理总局第 13 次局长办公会议审议通过，现予公布，自 2016 年 7 月 1 日起施行。

国家安全生产监督管理总局局长

2016 年 6 月 3 日

第一章 总 则

第一条 为规范生产安全事故应急预案管理工作，迅速有效处置生产安全事故，依据《中华人民共和国突发事件应对法》、《中华人民共和国安全生产法》等法律和《突发事件应急预案管理办法》（国办发〔2013〕101 号），制定本办法。

第二条 生产安全事故应急预案（以下简称应急预案）的编制、评审、公布、备案、宣传、教育、培训、演练、评估、修订及监督管理工作，适用本办法。

第三条 应急预案的管理实行属地为主、分级负责、分类指导、综合协调、动态管理的原则。

第四条 国家安全生产监督管理总局负责全国应急预案的综合协调管理工作。

县级以上地方各级安全生产监督管理部门负责本行政区域内应急预案的综合协调管理工作。县级以上地方各级其他负有安全生产监督管理职责的部门按照各自的职责负责有关行业、领域应急预案的管理工作。

第五条 生产经营单位主要负责人负责组织编制和实施本单位的应急预案,并对应急预案的真实性和实用性负责;各分管负责人应当按照职责分工落实应急预案规定的职责。

第六条 生产经营单位应急预案分为综合应急预案、专项应急预案和现场处置方案。

综合应急预案,是指生产经营单位为应对各种生产安全事故而制定的综合性工作方案,是本单位应对生产安全事故的总体工作程序、措施和应急预案体系的总纲。

专项应急预案,是指生产经营单位为应对某一种或者多种类型生产安全事故,或者针对重要生产设施、重大危险源、重大活动防止生产安全事故而制定的专项性工作方案。

现场处置方案,是指生产经营单位根据不同生产安全事故类型,针对具体场所、装置或者设施所制定的应急处置措施。

第二章 应急预案的编制

第七条 应急预案的编制应当遵循以人为本、依法依规、符合实际、注重实效的原则,以应急处置为核心,明确应急职责、规范应急程序、细化保障措施。

第八条 应急预案的编制应当符合下列基本要求:

(一)有关法律、法规、规章和标准的规定;

(二)本地区、本部门、本单位的安全生产实际情况;

(三)本地区、本部门、本单位的危险性分析情况;

(四)应急组织和人员的职责分工明确,并有具体的落实措施;

(五)有明确、具体的应急程序和处置措施,并与其应急能力相适应;

（六）有明确的应急保障措施，满足本地区、本部门、本单位的应急工作需要；

（七）应急预案基本要素齐全、完整，应急预案附件提供的信息准确；

（八）应急预案内容与相关应急预案相互衔接。

第九条 编制应急预案应当成立编制工作小组，由本单位有关负责人任组长，吸收与应急预案有关的职能部门和单位的人员，以及有现场处置经验的人员参加。

第十条 编制应急预案前，编制单位应当进行事故风险评估和应急资源调查。

事故风险评估，是指针对不同事故种类及特点，识别存在的危险危害因素，分析事故可能产生的直接后果以及次生、衍生后果，评估各种后果的危害程度和影响范围，提出防范和控制事故风险措施的过程。

应急资源调查，是指全面调查本地区、本单位第一时间可以调用的应急资源状况和合作区域内可以请求援助的应急资源状况，并结合事故风险评估结论制定应急措施的过程。

第十一条 地方各级安全生产监督管理部门应当根据法律、法规、规章和同级人民政府以及上一级安全生产监督管理部门的应急预案，结合工作实际，组织编制相应的部门应急预案。

部门应急预案应当根据本地区、本部门的实际情况，明确信息报告、响应分级、指挥权移交、警戒疏散等内容。

第十二条 生产经营单位应当根据有关法律、法规、规章和相关标准，结合本单位组织管理体系、生产规模和可能发生的事故特点，确立本单位的应急预案体系，编制相应的应急预案，并体现自救互救和先期处置等特点。

第十三条 生产经营单位风险种类多、可能发生多种类型事故的，应当组织编制综合应急预案。

综合应急预案应当规定应急组织机构及其职责、应急预案体系、事故风险描述、预警及信息报告、应急响应、保障措施、应急预案管理等内容。

第十四条　对于某一种或者多种类型的事故风险，生产经营单位可以编制相应的专项应急预案，或将专项应急预案并入综合应急预案。

专项应急预案应当规定应急指挥机构与职责、处置程序和措施等内容。

第十五条　对于危险性较大的场所、装置或者设施，生产经营单位应当编制现场处置方案。

现场处置方案应当规定应急工作职责、应急处置措施和注意事项等内容。

事故风险单一、危险性小的生产经营单位，可以只编制现场处置方案。

第十六条　生产经营单位应急预案应当包括向上级应急管理机构报告的内容、应急组织机构和人员的联系方式、应急物资储备清单等附件信息。附件信息发生变化时，应当及时更新，确保准确有效。

第十七条　生产经营单位组织应急预案编制过程中，应当根据法律、法规、规章的规定或者实际需要，征求相关应急救援队伍、公民、法人或其他组织的意见。

第十八条　生产经营单位编制的各类应急预案之间应当相互衔接，并与相关人民政府及其部门、应急救援队伍和涉及的其他单位的应急预案相衔接。

第十九条　生产经营单位应当在编制应急预案的基础上，针对工作场所、岗位的特点，编制简明、实用、有效的应急处置卡。

应急处置卡应当规定重点岗位、人员的应急处置程序和措施，以及相关联络人员和联系方式，便于从业人员携带。

第三章　应急预案的评审、公布和备案

第二十条　地方各级安全生产监督管理部门应当组织有关专家对本部门编制的部门应急预案进行审定；必要时，可以召开听证会，听取社会有关方面的意见。

第二十一条　矿山、金属冶炼、建筑施工企业和易燃易爆物品、危险化学品的生产、经营（带储存设施的，下同）、储存企业，以及使用危险化学品达到国家规定数量的化工企业、烟花爆竹生产、批发经营企业和中型规模以上的其他生产经营单位，应当对本单位编制的应急预案进行评审，并形成书面评审纪要。

前款规定以外的其他生产经营单位应当对本单位编制的应急预案进行论证。

第二十二条　参加应急预案评审的人员应当包括有关安全生产及应急管理方面的专家。

评审人员与所评审应急预案的生产经营单位有利害关系的，应当回避。

第二十三条　应急预案的评审或者论证应当注重基本要素的完整性、组织体系的合理性、应急处置程序和措施的针对性、应急保障措施的可行性、应急预案的衔接性等内容。

第二十四条　生产经营单位的应急预案经评审或者论证后，由本单位主要负责人签署公布，并及时发放到本单位有关部门、岗位和相关应急救援队伍。

事故风险可能影响周边其他单位、人员的，生产经营单位应当将有关事故风险的性质、影响范围和应急防范措施告知周边的其他单位和人员。

第二十五条　地方各级安全生产监督管理部门的应急预案，应当报同级人民政府备案，并抄送上一级安全生产监督管理部门。

其他负有安全生产监督管理职责的部门的应急预案，应当抄送同级安全生产监督管理部门。

第二十六条　生产经营单位应当在应急预案公布之日起20个工作日内，按照分级属地原则，向安全生产监督管理部门和有关部门进行告知性备案。

中央企业总部（上市公司）的应急预案，报国务院主管的负有安全生产监督管理职责的部门备案，并抄送国家安全生产监督管理总局；其所属单位的应急预案报所在地的省、自治区、直辖市或者设区的市级人民政府主管的负有安全生产监督管理职责的部门备案，并抄送同级安全生产监督管理部门。

前款规定以外的非煤矿山、金属冶炼和危险化学品生产、经营、储存企业，以及使用危险化学品达到国家规定数量的化工企业、烟花爆竹生产、批发经营企业的应急预案，按照隶属关系报所在地县级以上地方人民政府安全生产监督管理部门备案；其他生产经营单位应急预案的备案，由省、自治区、直辖市人民政府负有安全生产监督管理职责的部门确定。

油气输送管道运营单位的应急预案，除按照本条第一款、第二款的规定备案外，还应当抄送所跨行政区域的县级安全生产监督管理部门。

煤矿企业的应急预案除按照本条第一款、第二款的规定备案外，还应当抄送所在地的煤矿安全监察机构。

第二十七条　生产经营单位申报应急预案备案，应当提交下列材料：

（一）应急预案备案申报表；

（二）应急预案评审或者论证意见；

（三）应急预案文本及电子文档；

（四）风险评估结果和应急资源调查清单。

第二十八条　受理备案登记的负有安全生产监督管理职责的部门应当在5个工作日内对应急预案材料进行核对，材料齐全的，应当予以备案并出具应急预案备案登记表；材料不齐全的，不予备案并一次性告知需要补齐的材料。逾期不予备案又不说明理由的，视为已经备案。

对于实行安全生产许可的生产经营单位，已经进行应急预案备案的，在申请安全生产许可证时，可以不提供相应的应急预案，仅提供应急预案备案登记表。

第二十九条　各级安全生产监督管理部门应当建立应急预案备案登记建档制度，指导、督促生产经营单位做好应急预案的备案登记工作。

第四章　应急预案的实施

第三十条　各级安全生产监督管理部门、各类生产经营单位应当采取多种形式开展应急预案的宣传教育，普及生产安全事故避险、自救和互救知识，提高从业人员和社会公众的安全意识与应急处置技能。

第三十一条　各级安全生产监督管理部门应当将本部门应急预案的培训纳入安全生产培训工作计划，并组织实施本行政区域内重点生产经营单位的应急预案培训工作。

生产经营单位应当组织开展本单位的应急预案、应急知识、自救互救和避险逃生技能的培训活动，使有关人员了解应急预案内容，熟悉应急职责、应急处置程序和措施。

应急培训的时间、地点、内容、师资、参加人员和考核结果等情况应当如实记入本单位的安全生产教育和培训档案。

第三十二条　各级安全生产监督管理部门应当定期组织应急预案演练，提高本部门、本地区生产安全事故应急处置能力。

第三十三条　生产经营单位应当制定本单位的应急预案演练计划，根据本单位的事故风险特点，每年至少组织一次综合应急预案演练或者专项应急预案演练，每半年至少组织一次现场处置方案演练。

第三十四条　应急预案演练结束后，应急预案演练组织单位应当对应急预案演练效果进行评估，撰写应急预案演练评估报告，分析存在的问题，并对应急预案提出修订意见。

第三十五条　应急预案编制单位应当建立应急预案定期评估制度，对预案内容的针对性和实用性进行分析，并对应急预案是否需要修订作出结论。

矿山、金属冶炼、建筑施工企业和易燃易爆物品、危险化学品等危险物品的生产、经营、储存企业、使用危险化学品达到国家规定数量的化工企业、烟花爆竹生产、批发经营企业和中型规模以上的其他生产经营单位，应当每三年进行一次应急预案评估。

应急预案评估可以邀请相关专业机构或者有关专家、有实际应急救援工作经验的人员参加，必要时可以委托安全生产技术服务机构实施。

第三十六条　有下列情形之一的，应急预案应当及时修订并归档：

（一）依据的法律、法规、规章、标准及上位预案中的有关规定发生重大变化的；

（二）应急指挥机构及其职责发生调整的；

（三）面临的事故风险发生重大变化的；

（四）重要应急资源发生重大变化的；

（五）预案中的其他重要信息发生变化的；

（六）在应急演练和事故应急救援中发现问题需要修订的；

（七）编制单位认为应当修订的其他情况。

第三十七条 应急预案修订涉及组织指挥体系与职责、应急处置程序、主要处置措施、应急响应分级等内容变更的，修订工作应当参照本办法规定的应急预案编制程序进行，并按照有关应急预案报备程序重新备案。

第三十八条 生产经营单位应当按照应急预案的规定，落实应急指挥体系、应急救援队伍、应急物资及装备，建立应急物资、装备配备及其使用档案，并对应急物资、装备进行定期检测和维护，使其处于适用状态。

第三十九条 生产经营单位发生事故时，应当第一时间启动应急响应，组织有关力量进行救援，并按照规定将事故信息及应急响应启动情况报告安全生产监督管理部门和其他负有安全生产监督管理职责的部门。

第四十条 生产安全事故应急处置和应急救援结束后，事故发生单位应当对应急预案实施情况进行总结评估。

第五章　监督管理

第四十一条 各级安全生产监督管理部门和煤矿安全监察机构应当将生产经营单位应急预案工作纳入年度监督检查计划，明确检查的重点内容和标准，并严格按照计划开展执法检查。

第四十二条 地方各级安全生产监督管理部门应当每年对应急预案的监督管理工作情况进行总结，并报上一级安全生产监督管理部门。

第四十三条 对于在应急预案管理工作中做出显著成绩的单位和人员，安全生产监督管理部门、生产经营单位可以给予表彰和奖励。

第六章　法律责任

第四十四条　生产经营单位有下列情形之一的，由县级以上安全生产监督管理部门依照《中华人民共和国安全生产法》第九十四条的规定，责令限期改正，可以处 5 万元以下罚款；逾期未改正的，责令停产停业整顿，并处 5 万元以上 10 万元以下罚款，对直接负责的主管人员和其他直接责任人员处 1 万元以上 2 万元以下的罚款：

（一）未按照规定编制应急预案的；

（二）未按照规定定期组织应急预案演练的。

第四十五条　生产经营单位有下列情形之一的，由县级以上安全生产监督管理部门责令限期改正，可以处 1 万元以上 3 万元以下罚款：

（一）在应急预案编制前未按照规定开展风险评估和应急资源调查的；

（二）未按照规定开展应急预案评审或者论证的；

（三）未按照规定进行应急预案备案的；

（四）事故风险可能影响周边单位、人员的，未将事故风险的性质、影响范围和应急防范措施告知周边单位和人员的；

（五）未按照规定开展应急预案评估的；

（六）未按照规定进行应急预案修订并重新备案的；

（七）未落实应急预案规定的应急物资及装备的。

第七章　附　则

第四十六条　《生产经营单位生产安全事故应急预案备案申报表》和《生产经营单位生产安全事故应急预案备案登记表》由国家安全生产应急救援指挥中心统一制定。

第四十七条　各省、自治区、直辖市安全生产监督管理部门可以依据本办法的规定，结合本地区实际制定实施细则。

第四十八条　本办法自 2016 年 7 月 1 日起施行。

教育重大突发事件专项督导暂行办法

国务院教育督导委员会办公室关于印发
《教育重大突发事件专项督导暂行办法》的通知
国教督办〔2014〕4 号

各省、自治区、直辖市教育厅（教委）、教育督导部门，新疆生产建设兵团教育局、教育督导部门：

为督促各地各校切实履行职责，积极应对并妥善处理教育重大突发事件，保障师生生命财产安全和教育教学工作正常开展，根据《教育督导条例》有关规定，研究制定《教育重大突发事件专项督导暂行办法》，现印发你们，请遵照执行。

国务院教育督导委员会办公室
2014 年 2 月 7 日

第一章 总 则

第一条 根据《教育督导条例》，为督促地方和学校切实履行职责，积极应对并妥善处理教育重大突发事件，制定本办法。

第二条 教育重大突发事件是指涉及教育的重大突发事件，包括影响和危害师生生命财产安全、教育教学工作正常开展的自然灾害、事故灾难、公共卫生事件、考试安全、群体性事件和学校治安、刑事案件、师德败坏等事件。

第三条　实施教育重大突发事件专项督导的目的是督促有关地方和学校在处理教育重大突发事件过程中，切实保障师生生命财产安全和教育教学工作的正常开展。

第四条　国务院教育督导委员会办公室负责对各地开展教育重大突发事件专项督导工作进行统筹协调指导，并组织实施特别重大教育突发事件专项督导。

第五条　实施教育重大突发事件专项督导坚持"及时有效、公正公开"的原则，推动教育重大突发事件得到有效处理和解决，及时向社会公开事件处理和专项督导结果。

第二章　专项督导的内容

第六条　专项督导主要内容是地方和学校应对和处理教育重大突发事件的情况，包括：

（一）教育重大突发事件的预防与应急准备、物资储备、监测与预警等方面的情况。

（二）教育重大突发事件的应急处理与救援等方面的情况，包括紧急报告、控制局面、组织疏散、实施救治、开展救援、立案调查等。

（三）教育重大突发事件的过程处理情况，包括校园安全隐患排除、食物中毒治疗、传染性疾病防治、事故伤害赔偿、教育抚恤补助、师生和家长安抚、试题泄密和考试群体作弊处置、治安和刑事案件移交处理、群体聚集的疏散、教师师德教育、责任人处理等。

（四）教育重大突发事件的后续处理情况，包括校舍恢复重建、教学设备补充配置、校园及周边环境整治、患病或受伤师生救治、师生心理干预、复课及组织学生参加中高考、维护校园师生稳定、试题泄密和考试群体作弊处置、治安和刑事案件协助处理、师生宣传教育、处理结果通报、事后评估等。

（五）建立教育重大突发事件公告制度，视情况向社会公众和新闻媒体通报相关工作，正确引导舆论的情况。

（六）建立健全监督检查和考核问责机制，对相关责任人进行责任追究和处理的情况。

（七）其他与教育重大突发事件相关的情况。

第三章　专项督导的实施

第七条　教育重大突发事件发生后，国务院教育督导委员会办公室向相关省（区、市）人民政府及教育督导机构了解情况，对教育重大突发事件影响和危害程度进行评估。

第八条　国务院教育督导委员会办公室根据评估情况，决定是否派出督导组开展专项督导，或指派县级以上地方人民政府教育督导机构对教育重大突发事件实施专项督导。

第九条　国务院教育督导委员会办公室实施专项督导的程序：

（一）向相关省（区、市）人民政府发出书面通知；

（二）督导组赴现场进行督导检查，全面了解、掌握教育重大突发事件的应对和处理情况；

（三）督导组根据现场督导检查情况形成初步督导意见，向当地及所在省（区、市）人民政府反馈，向国务院教育督导委员会办公室提交书面督导报告；

（四）地方政府根据督导意见提出整改方案，向社会公布，并报国务院教育督导委员会办公室；

（五）国务院教育督导委员会办公室视情况向社会公布督导报告和整改报告。

第十条　县级以上地方人民政府教育督导机构应建立教育重大突发事件信息报告制度，及时向上一级教育督导机构报告发生教育重大突发事件和应对处理进展情况。

第十一条　县级以上地方人民政府教育督导机构应与有关部门沟通协调，紧密配合，及时准确掌握教育重大突发事件应对与处理情况，积极参与教育重大突发事件的应对与处理。

第四章　问　责

第十二条　建立教育重大突发事件督导问责机制，将专项督导结果作为对相关单位和负责人进行责任追究的重要依据。

第十三条　对教育重大突发事件应对处理工作责任不落实、应对不积极、处理不妥当的地区、单位和个人，建议当地人民政府对其进行问责，对造成严重后果的依法追究责任。

第五章　附　则

第十四条　县级以上地方人民政府教育督导机构可结合实际，参照本办法制定本地教育重大突发事件专项督导具体实施方案。

第十五条　本办法自发布之日起施行。

保险业重大突发事件
应急处理规定

保监会令（2003）3号

（2003 年 12 月 18 日中国保险监督管理委员会公布）

第一章 总 则

第一条 为了有效预防、及时应对保险业重大突发事件（以下简称"重大突发事件"），维护社会安定，确保保险业正常运行，及时履行经济补偿和社会管理职能，制定本规定。

第二条 本规定所称重大突发事件，是指与保险业相关的、突然发生的，可能严重影响或者危及保险业正常运行、保险公司偿付能力和社会安定的自然灾害、重大意外事故以及其他保险监督管理机构认为应当采取应急处理机制的重大事件。

第三条 中国保险监督管理委员会（以下简称"中国保监会"）为重大突发事件应急处理的主管机关，负责指导中国保监会派出机构（以下简称"保监会派出机构"）、保险公司建立重大突发事件应急报告制度和制定重大突发事件应急预案（以下简称"报告制度"和"应急预案"），负责监督、检查保监会派出机构、保险公司重大突发事件的预防、报告和应急处理工作。

第四条 中国保监会、保监会派出机构、保险公司和保险公司所属分支机构（以下简称"各单位"）应当遵循预防为主、常备不懈的方针，贯彻统一领导、分级负责、反应及时、措施到位、加强合作的原则，结合本单位或者当地实际情况，依法、科学、合理地建立报告制度和制定应急预案。

第五条　保监会派出机构应当结合辖区实际情况，负责指导辖区内保险公司分支机构建立报告制度、制定应急预案，监督、检查辖区内保险公司分支机构做好应对重大突发事件的预防、报告和应急处理工作。

第六条　保险公司应当结合公司实际情况，负责指导其所属分支机构建立报告制度和制定应急预案，管理和协调其所属分支机构处理重大突发事件应急处理工作。

第七条　各单位应当加强对重大突发事件的预警和监测工作。

中国保监会支持保险公司和保监会派出机构建立重大突发事件预警和监测反应处理系统，开展重大突发事件处理技术的交流与合作。

第二章　报告和信息发布

第八条　中国保监会办公厅是中国保监会处理重大突发事件信息的常设机构，负责保监会派出机构、保险公司重大突发事件信息报告的接收和处理工作。

保监会派出机构、保险公司及其分支机构应当在报告制度中，明确其办公室或者综合管理部门为负责重大突发事件报告工作的专门机构。

第九条　重大突发事件发生后，相关保监会派出机构、保险公司及其分支机构应当主动实施报告制度。

第十条　符合下列规定情形之一的重大突发事件，保监会派出机构、保险公司应当及时向中国保监会办公厅报告：

（一）发生洪水、台风、地震等严重的自然灾害或者重大火灾、生产、交通安全等严重事故，造成保险财产损失 5000 万元以上或者人身伤亡赔付 3000 万元以上的；

（二）发生群体性疾病、重大食物中毒等公共卫生事件，造成重大社会影响，可能引发大面积保险索赔的；

（三）保险公司现金流出现支付危机，或者偿付能力突然恶化可能导致破产的；

（四）保险公司计算机系统发生系统性故障，造成大量客户数据资料丢失；

（五）100 名以上的投保人或者保险营销员集体上访、静坐或者采取其他过激行为，或者虽然不足 100 人但影响恶劣的；

（六）100 名以上投保人集体退保或者起诉保险公司的；

（七）保险公司在承保或者资金运用过程中发生严重违法违规行为，被新闻媒体和公众广泛关注的；

（八）外资保险公司境外母公司出现严重危机，严重影响其在中国境内业务开展的；

（九）保险公司高级管理人员突然集体辞职、失踪、发生重大意外事故或者涉嫌犯罪被司法机关采取强制措施的；

（十）其他严重危及保险业，或者与保险业相关的、对社会影响大、危害程度高的重大突发事件。

区域性重大突发事件的范围和标准，由保监会派出机构根据当地实际情况制定。

第十一条 重大突发事件以外的一般重大事故的报告，按照中国保监会相关规定办理。

国务院对重大突发事件的报告有规定的，报告单位应当同时按照有关规定办理。

第十二条 重大突发事件的报告应当包括以下主要内容：

（一）重大突发事件发生时间、性质和波及范围；

（二）对保险公司造成或者可能造成的损失或者影响；

（三）已经或者拟采取的紧急应对措施；

（四）其他应当报告的情况。

第十三条 重大突发事件发生后，保险公司应当在第一时间向中国保监会办公厅报告重大突发事件的情况，并随时补充报告事态发展和核实情况。

保险公司应当根据重大突发事件的具体情况，及时报告当地政府及相关部门。

第十四条 重大突发事件发生后，保险公司分支机构应当按照本规定第十一条的报告要求，及时向总公司报告，并同时报告所在地保监会派出机构。

第十五条 保监会派出机构收到保险公司分支机构报告后，应当及时与相关部门进行信息沟通，对重大突发事件作进一步了解，汇总事件情况后，立即报告中国保监会办公厅，并随时补充报告重大突发事件的性质、危害程度及事态发展情况。

保监会派出机构应当根据重大突发事件的性质和危害程度，及时向当地省（市）级人民政府报告。

第十六条 中国保监会可以根据重大突发事件的发展势态，要求部分或者全部保监会派出机构、保险公司实施报告制度。

第十七条 保监会派出机构、保险公司及其分支机构的主要负责人是报告制度的责任人。

第十八条 保监会派出机构、保险公司及其分支机构应当实事求是地报告重大突发事件，不得瞒报、缓报、谎报。

第十九条 重大突发事件发生后，中国保监会、相关保监会派出机构、保险公司对重大突发事件实行信息发布制度。

信息发布应当指定专门的新闻发言人，统一对外发布信息。其他相关人员未经批准不得擅自对外发布信息。

信息发布应当及时、准确、全面。

第二十条 中国保监会根据重大突发事件的严重程度和事态发展情况，决定是否向国务院报告。

第三章　应急预案和应急准备

第二十一条 各单位应当成立重大突发事件应急处理指挥机构，指挥机构应当实行单位主要负责人责任制。

第二十二条 各单位应当建立严格的重大突发事件防范和应急处理责任制，制定严密的应急预案，确保重大突发事件应急处理工作的正常进行。

第二十三条　保险公司分支机构应当将应急预案报所属总公司，同时报当地的保监会派出机构；保监会派出机构、保险公司应当将应急预案报中国保监会。

中国保监会负责制定中国保险业重大突发事件应急预案，并对外发布。

第二十四条　保险公司及其分支机构的应急工作机制和应急预案是保险公司内部控制制度的重要内容，中国保监会、保监会派出机构应当进行监督检查。

第二十五条　各单位应急预案应当包括以下内容：

（一）重大突发事件应急处理指挥机构的组成和相关部门职责；

（二）重大突发事件的监测和预警；

（三）重大突发事件的预防和应急准备；

（四）重大突发事件信息收集、分析、报告制度；

（五）重大突发事件的分级和应急处理工作方案；

（六）其他应当包括的内容。

第二十六条　各单位应当根据重大突发事件的变化和实施中发现的问题，及时修订应急预案，充实应急预案内容，提高应急预案的科学性和可操作性。

第二十七条　各单位应当与有关部门建立协调沟通机制，建立重大突发事件监测和预警信息网络，确保重大突发事件早发现、早报告、早处理，尽量避免或者减少重大突发事件造成的损失。

第二十八条　各单位应当进行重大突发事件应急演练，加强应急人员培训，提高应急能力，查找应急处理工作中的不足和漏洞，确保重大突发事件发生后各项应急工作的正常开展。

第四章　应急预案的启动、
终止和应急处理

第二十九条　中国保监会办公厅收到保监会派出机构、保险公司重大突发事件报告后，应当及时组织相关部门对重大突发事件进行核实、确认，向有关单位了解、咨询重大突发事件情况，对相关信息进行分析和综合评估，提出处理意见，报告中国保监会分管主席。

第三十条　中国保监会办公厅认为必要时，应当向中国保监会主席建议启动中国保监会重大突发事件应急预案，中国保监会主席决定是否启动应急预案。

第三十一条　中国保监会主席可以根据重大突发事件的发展态势，决定是否成立重大突发事件应急指挥中心（以下简称"指挥中心"）。

第三十二条　指挥中心是负责重大突发事件应急处理工作的领导机构，接受国务院的统一部署和协调。

第三十三条　指挥中心成员单位包括相关保险公司、保监会派出机构和保监会相关部门。

指挥中心成员单位的主要负责人为指挥中心组成人员，按照指挥中心的命令开展工作。

指挥中心组成人员在处理重大突发事件期间出差、出国必须向指挥中心请假，无正当理由不得离开工作岗位。

第三十四条　指挥中心总指挥由中国保监会主席担任。总指挥在必要时可以指定若干名副总指挥。特殊情况下，中国保监会主席可以指定一名副主席担任指挥中心总指挥。

中国保监会办公厅是指挥中心的工作机构，负责处理指挥中心的具体事务。

第三十五条　指挥中心的职责是：

（一）收集、分析、发布重大突发事件有关信息；

（二）调查、核实、分析重大突发事件；

（三）领导、指挥、协调重大突发事件处理工作；

（四）提出防灾、减灾，促进保险业稳定持续发展的政策建议；

（五）必要时可以要求保险公司调动资金、物资和调配相关工作人员；

（六）制定重大突发事件应急行动方案、启用保险保障基金、巨灾风险基金或者其他特别融资方案。

第三十六条　中国保监会决定启动重大突发事件应急预案后，中国保监会办公厅应当及时对外发布相关信息，包括：

（一）启动中国保监会应急预案；

（二）指挥中心总指挥、副总指挥；

（三）指挥中心成员单位及组成人员；

（四）指挥中心主要职责；

（五）其他相关应急处理工作事项。

第三十七条 指挥中心总指挥根据重大突发事件性质，指定中国保监会有关部门或者人员组成应急处理工作小组，并根据需要调集有关单位人员参加应急处理工作。

第三十八条 指挥中心可以要求相关保监会派出机构、保险公司实施报告制度和启动应急预案。

第三十九条 中国保监会可以根据重大突发事件情况决定调整指挥中心职责，终止重大突发事件应急预案，解散指挥中心。

第四十条 重大突发事件发生后，保监会派出机构可以根据重大突发事件形势向中国保监会或者指挥中心提出启动本单位应急预案，或者应中国保监会、指挥中心要求启动应急预案。

第四十一条 保监会派出机构在启动应急预案的同时，成立所辖地区重大突发事件应急指挥中心，并根据应急预案规定的职责开展工作。

保监会派出机构重大突发事件应急指挥中心统一领导辖区内保险公司分支机构重大突发事件的应急处理工作，可以要求辖区内保险公司分支机构启动报告制度和应急预案。

第四十二条 保监会派出机构可以根据重大突发事件发展形势，向中国保监会或者指挥中心提出并经批准后，终止应急预案、解散保监会派出机构重大突发事件应急指挥中心。

第四十三条 重大突发事件发生后，相关保险公司或者其分支机构可以根据重大突发事件发展形势，决定是否启动重大突发事件应急预案，或者应其上级公司、保监会派出机构、中国保监会或者指挥中心要求，启动应急预案。

第四十四条 保险公司或者其分支机构启动应急预案后，应当严格按照应急预案要求做好各项应急处理工作，随时向中国保监会、指挥中心、保监会派出机构或者保监会派出机构重大突发事件应急指挥中心报告工作情况。

第四十五条 保险公司或者其分支机构可以视重大突发事件发展形势，报经中国保监会、指挥中心或者当地保监会派出机构同意后，终止应急预案，解散应急指挥机构。

第四十六条 实施报告制度和启动应急预案的单位应当实行重大突发事件24小时值班制度，确保重大突发事件发生后信息畅通，保证上情下达、下情上达。

第四十七条 重大突发事件发生后，各单位重大突发事件应急指挥机构应当加强与媒体的沟通，及时、统一发布相关信息。

第四十八条 对违反本规定的单位和个人，中国保监会及其派出机构按照有关规定给予处罚。

第五章 附 则

第四十九条 本规定自2004年2月1日起施行。

附　录

保险资产管理重大突发事件应急管理指引

中国保险监督管理委员会关于印发
《保险资产管理重大突发事件应急管理指引》的通知
保监发〔2007〕42 号

各保险公司、保险资产管理公司：

为加强保险资产管理重大突发事件管理，建立健全保险资产全面风险管理体系，维护保险资产安全，根据《保险业重大突发事件应急处理规定》和《保险业突发事件应急预案》，保监会制定了《保险资产管理重大突发事件应急管理指引》，现印发给你们，请认真贯彻执行。

特此通知

二○○七年五月三十日

第一章　总　则

第一条　为维护保险资产安全，促进保险业健康发展，根据《保险业重大突发事件应急处理规定》（以下简称《应急处理规定》）和《保险业突发事件应急预案》（以下简称《应急预案》），制定本指引。

第二条　本指引所称保险资产管理重大突发事件，是指保险机构突然发生，已经造成或者可能造成保险资金巨额损失，危及保险资产管理正常运行的重大事件。

第三条　本指引所称保险机构，是指保险集团（控股）公司、保险公司、保险资产管理公司等。

第四条 保险机构应当按照"预防为主、积极应对"原则，协同有关机构建立保险资产管理重大突发事件监测预警机制，并将应急管理作为日常管理和公司文化的重要组成部分，纳入保险资产全面风险管理。

第五条 中国保险监督管理委员会（以下简称中国保监会）依法对保险资产管理重大突发事件应急管理组织体系、预案管理、监测预警、应急处理等进行监督管理。

第二章 突发事件

第六条 除符合《应急处理规定》第十条第七项规定情形外，由下列情形之一引发重大突发事件，造成或者可能造成保险资产重大损失的，保险机构应当向中国保监会报告：

（一）金融市场剧烈波动等不测事件的；

（二）市场环境及相关政策发生变化，或者受其他突发事件关联影响的；

（三）保险机构交易对手、相关中介机构和债务人倒闭或者发生其他风险的；

（四）保险机构因内部人控制、关联交易、对外担保等行为，导致保险资金被非法侵占的；

（五）保险机构资产管理发生重大违法违规行为，严重损害保险机构经营的；

（六）保险机构高级管理人员、关键岗位工作人员，违反管理程序运用保险资金的；

（七）保险机构高级管理人员或者有关人员，涉嫌洗钱、贪污、受贿、利用保险资金谋取非法利益的；

（八）保险机构因信息管理失误或者其他信息安全事件，导致投资交易系统故障、业务数据丢失的；

（九）其它可能对保险资产造成重大损失的情形。

第七条 保险机构应当对保险资产管理重大突发事件实施分级管理。

保险机构应当根据《应急预案》有关突发事件等级划分标准，综合考虑资本实力、偿付能力、资产负债结构和风险承受程度，制定定性和定量标准，报中国保监会备案。

第八条 保险机构发生保险资产管理重大突发事件后，应当根据初步预测及评估结果，及时将已经造成或者可能造成保险资产损失超过 5000 万元或者超过该机构总资产 1‰的重大突发事件，上报中国保监会。报告突发事件的损失金额遵循孰低原则。

已经造成或者可能造成保险资产损失，金额虽未达到前款规定，但性质严重或者影响重大的重大突发事件，保险机构也应当及时上报中国保监会。

第三章　组织管理

第九条 保险资产管理重大突发事件的组织管理，应当根据《应急处理规定》和《应急预案》规定，纳入保险机构统一的应急管理组织体系。

第十条 保险机构董事会应当对保险资产管理重大突发事件的应急管理负最终责任。保险机构未设立董事会的，经营管理层负最终责任。

第十一条 保险集团（控股）公司、保险公司的资产管理部门，具体负责保险资产管理重大突发事件应急预案管理，并与其他部门共同实施应急管理。

委托管理资产的保险集团（控股）公司或者保险公司，其资产管理部门应当协调保险资产管理公司等受托机构，共同做好保险资产管理重大突发事件的应急管理。

第十二条 保险资产管理公司应当按照保险集团（控股）公司、保险公司等委托机构的要求，建立受托资产应急管理制度，指定相关部门负责配合委托机构做好保险资产管理重大突发事件应急管理。

第四章　预案管理

第十三条 保险机构应当根据《应急预案》及保险资产管理风险评估状况，制定保险资产管理重大突发事件应急预案，并纳入公司总体应急预案，实施预案管理。

保险资产管理公司设立的分支机构，应当按照公司总体应急预案和实际需要，制定分级应急预案。

第十四条 保险机构应当评估资产管理风险，定期不定期向董事会或者经营管理层提交资产管理风险评估报告，风险评估报告至少应当包括下列内容：

（一）报告期内已经发生的重大突发事件及风险变化；

（二）报告期内未发生但未来可能发生的突发事件预测；

（三）已发生或者未来可能发生的重大突发事件对保险资产的影响；

（四）资产管理风险评估；

（五）预案编制计划和应急管理措施；

（六）中国保监会规定的其他内容。

第十五条 保险机构制定保险资产管理重大突发事件应急预案，至少应当包括下列内容：

（一）应急预案编制目的依据、重大突发事件分级、定性定量标准、适用范围和处置原则；

（二）应急管理组织体系、领导机构、工作机构及责任部门和人员的应急管理职责；

（三）应急处置联系人名单和联系方式、应急预案框架图、处置工作流程图、分级预案目录等；

（四）本指引第六条规定情形，引发重大突发事件的处置方案和应对措施；

（五）已发生重大突发事件监测范围、监测变量和监测指标等；

（六）未来可能发生突发事件的监测警戒线、预警措施和预警报告制度等；

（七）应急处理报告内容、报告频次及报告方式等；

（八）重大突发事件终止后的风险化解及跟踪评估等；

（九）应急保障、预案演练、宣传培训、责任追究、奖惩措施等相关配套管理规定；

（十）中国保监会规定的其他内容。

保险机构应当依据上述内容及风险变化状况，及时修订、补充原有预案或者制定新的预案，增强预案可操作性。

第十六条 保险机构应当将资产管理应急预案，上报中国保监会备案。保险资产管理公司应当为受托管理资产制定专项应急预案，送委托机构备查并报中国保监会备案。

第五章 监测预警

第十七条 保险机构应当建立保险资产管理重大突发事件监测预警机制，制定资产管理监测计划，科学设置监测变量、监测指标和监测警戒线等，综合评价监测数据。

第十八条 监测预警内容主要包括保险资产管理重大突发事件的类别、预警级别、起始时间、警示事项、影响程度、预警措施和预警报告制度。

第十九条 保险机构应当根据监测信息，分析危害程度和发展态势，及时发出预警，并按组织管理规定向上级机构、业务主管部门和中国保监会报告。

任何人员发现未履行或者未按照规定履行监测预警职责的，有权向上级机构、业务主管部门及中国保监会报告。紧急状态下，可以越级报告。

第六章 应急处理

第二十条 保险机构应当根据《应急处理规定》和《应急预案》有关规定，规范资产管理重大突发事件应急处理流程。

应急处理流程主要涵盖应急响应、信息报送、实时监测、应急处理、信息发布、善后处置等环节。

第二十一条 保险机构发生保险资产管理重大突发事件，应当立即采取下列措施：

（一）迅速启动应急预案，成立应急指挥机构，组织相关部门核实确认并进行分析评估；

（二）责任单位和责任人应当在 2 小时内，立即组织现场调查，逐级向上级机构、业务主管部门和中国保监会报告。情况危急可以越级上报；

（三）实时监测事件扩散速度、预测损失程度，分析变化趋势，组织有关专家查找事件原因，评估事件损失程度和危及范围，形成事件发展态势报告；

（四）根据事件发展状况，按照应急预案或者分级预案确定的应急措施和处置方案，实施应急处理；

（五）根据预案规定及公司相关信息披露制度，对外发布有关信息；

（六）其他必要的应急管理措施。

第二十二条 保险资产管理重大突发事件出现下列情形之一的，应急处理终止：

（一）金融市场环境、相关政策或者其他突发因素变化，对保险资产管理的中长期影响趋于合理状态；

（二）采取相关防范措施，改变交易对手、出售资产、增加担保、弥补损失等，控制资产损失，短期内不再继续发生；

（三）强化公司内控、规范操作流程、加强人员管理、完善交易系统等措施，控制事件发展态势和资产损失，短期内不再继续发生；

（四）中国保监会规定的其它情形。

第二十三条 保险机构应当在保险资产管理重大突发事件终止后，分析事件诱发原因，评估损失程度及其潜在影响，跟踪资产风险化解情况，针对有关管理问题，修订和完善公司风险管理制度。

第七章 报告制度

第二十四条 保险机构应当根据《应急处理规定》和《应急预案》有关规定，建立保险资产管理重大突发事件报告制度。

保险机构主要负责人为报告责任人。保险机构应当如实报告保险资产管理重大突发事件，不得瞒报、缓报、谎报。

第二十五条 保险资产管理重大突发事件报告，分为初报、续报和处理结果报告。

事件初报应当在事发后 2 小时内报告，主要内容包括重大突发事件初步原因、基本情况、损失程度估计及初步应对措施等。初报可通过电话、书面报告或者其他方式直接报告；

事件续报应当按照应急预案规定的频次持续报告，主要内容包括事件主要原因、资产损失数据、持续发展情况、已经采取措施及效果等。续报可通过电子网络或者书面形式报告；

事件处理结果报告应当在应急事件终止后上报，主要内容包括事件原因分析、采取主要措施、应急处理过程、最终结果，以及应急事件终止后，潜在或者可能造成的间接危害、社会影响和遗留问题。处理结果报告应当采用书面形式。

第二十六条　保险机构发生保险资产管理重大突发事件，应当根据有关规定，由新闻发言人或者在指定新闻媒体统一发布信息。未经批准，任何人员不得擅自对外发布信息。发布信息内容应当真实、准确，无误导性陈述。

保险机构启动应急预案后，应当实行 24 小时值班制度，确保信息畅通，直至应急终止。

第八章　监督管理

第二十七条　中国保监会依据《应急处理规定》、《应急预案》及本指引规定，对保险资产管理重大突发事件的应急管理实施现场及非现场检查。

中国保监会应当了解或者要求保险机构报送保险资产管理重大突发事件应急处理过程、采取有关措施、阶段处理结果和资产保全情况等信息，保险机构应当积极配合，不得拒绝和推诿。

第二十八条　保险机构及其有关责任人员违反本指引规定的，中国保监会将依据《应急处理规定》和《应急预案》，对有关人员进行监管谈话或者采取其他行政处罚措施。

第二十九条　本指引由中国保监会负责解释、修订，自发布之日起实施。

中国人民银行突发事件
应急预案管理办法

银发〔2005〕196号

第一章 总 则

第一条 为规范人民银行系统突发事件应急预案的制定和管理工作，提高应对突发事件的综合管理水平和应急处置能力，做好应对风险和突发事件的各项工作，根据《中华人民共和国中国人民银行法》等相关法律法规和规章，参照国务院办公厅《国务院有关部门和单位制定和修订突发事件应急预案框架指南》，制定本办法。

第二条 人民银行各司局、分支行、企事业单位制定、评估、修订和管理应急预案适用本办法。

企事业单位包括人民银行直属企事业单位以及与人民银行主要计算机业务系统、网络系统联网运行的其他企事业单位。其中，对于与人民银行主要计算机业务系统、网络系统联网运行的其他企事业单位，由人民银行科技司会同相关司局负责指导、督促其参照本办法落实相关应急预案。

第三条 人民银行系统应急预案的制定和管理实行分类指导、分级负责的原则。

各司局、分支行和企事业单位要按照人民银行"三定方案"等确定的职责范围，主动、有序地开展突发事件风险评估、监测以及与预案的制定、评估、更新、演练相关的各项工作，统一接受人民银行应急预案领导小组的领导和管理。

办公厅负责人民银行总体应急预案的相关工作；各司局负责与自身业务直接相关的部门应急预案、专项应急预案和内部应急预案相关工作。

条法司负责与各项应急预案相关的法律事务，承办需由人民银行参与的各项应急处置法制化建设的相关工作。

各分行、营业管理部、省会（首府）城市中心支行负责本级应急预案各项工作，同时按各项应急预案的业务性质接受对口司局的指导。

各企事业单位负责本单位应急预案各项工作，除接受归口司局的指导外，主要计算机业务系统及网络应急预案相关工作，由归口司局会同科技司共同指导。

第四条 各司局、分支行和企事业单位的各项应急预案工作，应贯彻依法行政的要求，使突发事件的应急处置规范化、制度化和法制化。

第二章 应急预案的制订

第五条 人民银行及其各司局、分支行和企事业单位在依法行政或经营管理过程中，因突发事件可能形成下列一个或多个风险的必须制定突发事件应急预案：

（一）无法正常、全面、充分地履行法定职责或开展正常的生产、经营管理活动；

（二）人员伤亡；

（三）较大财产损失或依法须由本单位承担法律责任的他人较大财产损失；

（四）危害县（市）以上区域的经济正常运行、金融稳定；

（五）危害人民银行的公共关系和形象，造成不良社会影响。

人民银行应急预案领导小组可根据实际需要，责成相关部门或单位制定针对其他风险的应急预案。

各司局、分支行和企事业单位可以实际需要制定针对其他风险的应急预案，或将其应急处置纳入适当的应急预案中。

第六条　各司局、分支行和企事业单位应结合本单位实际工作，定期或实时评估突发事件风险，提出突发事件风险评估报告。

各司局的突发事件风险评估报告报人民银行应急预案领导小组审核认定；分支行、企事业单位突发事件风险评估报告报本单位突发事件应急预案领导机构审核认定，并报上级单位或归口司局备案。

第七条　突发事件风险评估报告的定期报告周期原则上不超过二年。

各司局报告周期，由各司局提出意见，报人民银行应急预案领导小组确定。

分支行、企事业单位根据本单位实际情况，本着及时、有效和简便的原则，自行确定报告周期。

与主要计算机业务系统、网络通信系统相关的突发事件风险评估报告，定期报告周期不得超过一年，也可以根据技术进步、系统升级、应对风险变化等情况，采取实时评估的方式。

第八条　定期的突发事件风险评估报告包括以下内容：

（一）报告起止期及完成日期；

（二）报告期内主要突发事件风险的变化情况；

（三）对下一报告期内主要突发事件风险的预测分析；

（四）关于现有应急预案有效性的评估；

（五）关于是否需要修订现有应急预案或制定新应急预案的明确意见，以及修订内容或新应急预案的框架；

（六）报告期内与应急预案相关的演练、宣传和培训情况及下一报告期内的演练、宣传和培训计划；

（七）报告单位认为需要报告的其他内容；

（八）报告参与人员名单及其签章。

第九条　各级应急预案领导机构根据突发事件风险评估报告，研究确定本单位应急预案的修订和应急预案起草任务，并责成相关单位落实完成。

第十条　人民银行的应急预案体系包括五个层次：

（一）总体应急预案，确定人民银行应急处置的指挥体系、操作指南以及与应急处置相关的主要原则、标准和程序等。

（二）部门应急预案，应急预案的实施需要其他部门、单位的参与或协作，并列入《国家突发公共事件总体应急预案》的"部门应急预案目录"和《中国人民银行突发事件总体应急预案》的"部门应急预案目录"。

（三）专项应急预案，应急预案的实施不需要其他部门、单位的参与或协作，针对人民银行依法行政所必需的重要计算机业务系统、网络通信系统所面临的突发事件风险，列入《中国人民银行突发事件总体应急预案》的"专项应急预案目录"。

（四）内部应急预案，针对各自机关内部工作制定的应急预案，包括为确保机关正常工作而针对自然灾害、事故灾难、突发公共卫生事件和突发重大刑事案件、群体性事件而制定的内部规章制度。

（五）分支机构预案，各分支行、企事业单位根据自身应急处置机制建设的需要，制定的与上级单位应急预案相衔接的上级单位预案的分预案、子预案及次级预案等。

第十一条 总体应急预案由办公厅起草，经人民银行应急预案领导小组审核后，以人民银行发文颁布施行。

总体应急预案修订，由办公厅根据部门应急预案、专项应急预案和内部应急预案的调整等情况适时提出修订意见，经人民银行应急预案领导小组审核后，以人民银行发文颁布。

第十二条 部门应急预案由各司局、分支行和企事业单位提出立项、修订意见，报人民银行应急预案领导小组审核后，完成征求意见稿，以人民银行办公厅发文征求其他部门、单位意见，协商一致并经人民银行应急预案领导小组同意，以人民银行发文颁布，并向国务院完成备案程序。

第十三条 专项应急预案由各司局、分支行和企事业单位提出立项、修订意见，征求相关司局、单位意见，报经人民银行应急预案领导小组同意，以人民银行发文颁布。

第十四条 内部应急预案由各职能部门或单位自行制定施行，报本单位办公厅（室）备案，修订和解释亦同。

第十五条 分支机构应急预案由各分支机构、企事业单位按照上级单位要求，自行制定和确定发文形式，报上一级单位相关部门和办公厅（室）备案。

第十六条　应急预案的起草、修订和评估可根据需要聘请外部专家、咨询或研究机构参与。

第三章　应急预案的内容标准

第十七条　应急预案的总则部分应当说明：编制目的和依据、突发事件的分类分级、适用范围、工作原则等，有分预案或次级预案的，还应说明应急预案体系。

突发事件的分类应当科学合理，方便应对处置；按照突发事件的性质、严重程度、可控性和影响范围等因素，应对其进行科学合理的分级，以便实施分级响应和开展预防、预警工作。

第十八条　应急预案应当说明应急处置的组织体系，明确领导机构、办事机构和工作机构等的职责。

第十九条　应急预案应当建立应对突发事件的预测预警、信息报告、应急处置、恢复重建及调查评估等运行机制，并以此提高应急处置能力和指挥水平。

对可能发生并可以预警的突发事件，应急预案应依据其可能造成的危害程序、紧急程度和发展态势，划分预警级别，建立相应的预警信息发布机制。

第二十条　应急预案应本着坚持平战结合、充分利用现有资源的原则，对人力资源、财力保障、物资保障、通信保障等作出应急保障方面的规定或说明。

第二十一条　应急预案应当明确预案的演练、宣传、培训及责任、奖惩等方面的管理规定。

第二十二条　应急预案应当在附则中说明预案的管理和生效等内容。

第二十三条　应急预案附录中应当根据需要列出应急处置联系人名单和联系方式、应急预案框架图、应急处置工作流程图、分预案或次级预案的目录等内容。

第二十四条　内部应急预案可在保证合规、完整、有效的前提下，本着方便处置的原则适当省略第十六条至第二十二条规定的部分内容。

第二十五条　应急预案正文前应有目录。

应急预案应按有关规定标注密级。

应急预案可对每个自然段用阿拉伯数字编号，以方便检索和引用。

应急预案的文字表述应当简明、准确、严谨。

第四章　应急预案的管理

第二十六条　各司局、分支行和企事业单位应根据实际需要，定期制订应急演练计划，报本级应急预案领导机构审核同意后实施。

第二十七条　各司局、分支行和企事业单位应根据实际需要，组织编写相关培训大纲、教材和应急处置操作手册，编印突发事件通俗读本，通过培训，确保本单位工作人员熟练掌握必需的应急处置知识和技能。

各司局、分支行和企事业单位应根据应对突发事件的需要，确定应急预案、应急处置操作手册等资料的合理保存方式，以方便使用及指导应急处置。必要时可对应急预案、应急处置操作手册等资料采取异地备份保存、电子与纸质等多介质保存等方式。

第二十八条　各司局、分支行和企事业单位主要行政负责人为本单位及相关业务应急预案工作的第一责任人，统一组织领导各项应急预案工作。

列入应急预案联系名单的人民银行工作人员，应负责名单相关信息的真实有效；应急预案管理部门、单位应指定专人负责保持列入应急预案联系名单的人民银行以外工作人员相关信息的真实有效。

第五章　附　　则

第二十九条　本办法由人民银行办公厅负责解释。

第三十条　本办法自发布之日起施行。

国家综合突发事件应急预案

国家突发公共事件总体应急预案

（2005 年 1 月 26 日中华人民共和国国务院第 79 次常务会议通过）

1 总则

1.1 编制目的

提高政府保障公共安全和处置突发公共事件的能力，最大程度地预防和减少突发公共事件及其造成的损害，保障公众的生命财产安全，维护国家安全和社会稳定，促进经济社会全面、协调、可持续发展。

1.2 编制依据

依据宪法及有关法律、行政法规，制定本预案。

1.3 分类分级

本预案所称突发公共事件是指突然发生，造成或者可能造成重大人员伤亡、财产损失、生态环境破坏和严重社会危害，危及公共安全的紧急事件。

根据突发公共事件的发生过程、性质和机理，突发公共事件主要分为以下四类：

（1）自然灾害。主要包括水旱灾害，气象灾害，地震灾害，地质灾害，海洋灾害，生物灾害和森林草原火灾等。

（2）事故灾难。主要包括工矿商贸等企业的各类安全事故，交通运输事故，公共设施和设备事故，环境污染和生态破坏事件等。

（3）公共卫生事件。主要包括传染病疫情，群体性不明原因疾病，食品安全和职业危害，动物疫情，以及其他严重影响公众健康和生命安全的事件。

（4）社会安全事件。主要包括恐怖袭击事件，经济安全事件和涉外突发事件等。

各类突发公共事件按照其性质、严重程度、可控性和影响范围等因素，一般分为四级：Ⅰ级（特别重大）、Ⅱ级（重大）、Ⅲ级（较大）和Ⅳ级（一般）。

1.4　适用范围

本预案适用于涉及跨省级行政区划的，或超出事发地省级人民政府处置能力的特别重大突发公共事件应对工作。

本预案指导全国的突发公共事件应对工作。

1.5　工作原则

（1）以人为本，减少危害。切实履行政府的社会管理和公共服务职能，把保障公众健康和生命财产安全作为首要任务，最大程度地减少突发公共事件及其造成的人员伤亡和危害。

（2）居安思危，预防为主。高度重视公共安全工作，常抓不懈，防患于未然。增强忧患意识，坚持预防与应急相结合，常态与非常态相结合，做好应对突发公共事件的各项准备工作。

（3）统一领导，分级负责。在党中央、国务院的统一领导下，建立健全分类管理、分级负责，条块结合、属地管理为主的应急管理体制，在各级党委领导下，实行行政领导责任制，充分发挥专业应急指挥机构的作用。

（4）依法规范，加强管理。依据有关法律和行政法规，加强应急管理，维护公众的合法权益，使应对突发公共事件的工作规范化、制度化、法制化。

（5）快速反应，协同应对。加强以属地管理为主的应急处置队伍建设，建立联动协调制度，充分动员和发挥乡镇、社区、企事业单位、社会团体和志愿者队伍的作用，依靠公众力量，形成统一指挥、反应灵敏、功能齐全、协调有序、运转高效的应急管理机制。

（6）依靠科技，提高素质。加强公共安全科学研究和技术开发，采用先进的监测、预测、预警、预防和应急处置技术及设施，充分发挥专家队伍和专业人员的作用，提高应对突发公共事件的科技水平和指挥能力，避免发生次生、衍生事件；加强宣传和培训教育工作，提高公众自救、互救和应对各类突发公共事件的综合素质。

1.6 应急预案体系

全国突发公共事件应急预案体系包括：

（1）突发公共事件总体应急预案。总体应急预案是全国应急预案体系的总纲，是国务院应对特别重大突发公共事件的规范性文件。

（2）突发公共事件专项应急预案。专项应急预案主要是国务院及其有关部门为应对某一类型或某几种类型突发公共事件而制定的应急预案。

（3）突发公共事件部门应急预案。部门应急预案是国务院有关部门根据总体应急预案、专项应急预案和部门职责为应对突发公共事件制定的预案。

（4）突发公共事件地方应急预案。具体包括：省级人民政府的突发公共事件总体应急预案、专项应急预案和部门应急预案；各市（地）、县（市）人民政府及其基层政权组织的突发公共事件应急预案。上述预案在省级人民政府的领导下，按照分类管理、分级负责的原则，由地方人民政府及其有关部门分别制定。

（5）企事业单位根据有关法律法规制定的应急预案。

（6）举办大型会展和文化体育等重大活动，主办单位应当制定应急预案。

各类预案将根据实际情况变化不断补充、完善。

2 组织体系

2.1 领导机构

国务院是突发公共事件应急管理工作的最高行政领导机构。在国务院总理领导下，由国务院常务会议和国家相关突发公共事件应急指挥机构（以下简称相关应急指挥机构）负责突发公共事件的应急管理工作；必要时，派出国务院工作组指导有关工作。

2.2　办事机构

国务院办公厅设国务院应急管理办公室，履行值守应急、信息汇总和综合协调职责，发挥运转枢纽作用。

2.3　工作机构

国务院有关部门依据有关法律、行政法规和各自的职责，负责相关类别突发公共事件的应急管理工作。具体负责相关类别的突发公共事件专项和部门应急预案的起草与实施，贯彻落实国务院有关决定事项。

2.4　地方机构

地方各级人民政府是本行政区域突发公共事件应急管理工作的行政领导机构，负责本行政区域各类突发公共事件的应对工作。

2.5　专家组

国务院和各应急管理机构建立各类专业人才库，可以根据实际需要聘请有关专家组成专家组，为应急管理提供决策建议，必要时参加突发公共事件的应急处置工作。

3　运行机制

3.1　预测与预警

各地区、各部门要针对各种可能发生的突发公共事件，完善预测预警机制，建立预测预警系统，开展风险分析，做到早发现、早报告、早处置。

3.1.1　预警级别和发布

根据预测分析结果，对可能发生和可以预警的突发公共事件进行预警。预警级别依据突发公共事件可能造成的危害程度、紧急程度和发展势态，一般划分为四级：Ⅰ级（特别严重）、Ⅱ级（严重）、Ⅲ级（较重）和Ⅳ级（一般），依次用红色、橙色、黄色和蓝色表示。

预警信息包括突发公共事件的类别、预警级别、起始时间、可能影响范围、警示事项、应采取的措施和发布机关等。

预警信息的发布、调整和解除可通过广播、电视、报刊、通信信息网络、警报器、宣传车或组织人员逐户通知等方式进行，对老、幼、病、残、孕等特殊人群以及学校等特殊场所和警报盲区应当采取有针对性的公告方式。

3.2 应急处置

3.2.1 信息报告

特别重大或者重大突发公共事件发生后，各地区、各部门要立即报告，最迟不得超过 4 小时，同时通报有关地区和部门。应急处置过程中，要及时续报有关情况。

3.2.2 先期处置

突发公共事件发生后，事发地的省级人民政府或者国务院有关部门在报告特别重大、重大突发公共事件信息的同时，要根据职责和规定的权限启动相关应急预案，及时、有效地进行处置，控制事态。

在境外发生涉及中国公民和机构的突发事件，我驻外使领馆、国务院有关部门和有关地方人民政府要采取措施控制事态发展，组织开展应急救援工作。

3.2.3 应急响应

对于先期处置未能有效控制事态的特别重大突发公共事件，要及时启动相关预案，由国务院相关应急指挥机构或国务院工作组统一指挥或指导有关地区、部门开展处置工作。

现场应急指挥机构负责现场的应急处置工作。

需要多个国务院相关部门共同参与处置的突发公共事件，由该类突发公共事件的业务主管部门牵头，其他部门予以协助。

3.2.4 应急结束

特别重大突发公共事件应急处置工作结束，或者相关危险因素消除后，现场应急指挥机构予以撤销。

3.3 恢复与重建

3.3.1 善后处置

要积极稳妥、深入细致地做好善后处置工作。对突发公共事件中的伤亡人员、应急处置工作人员，以及紧急调集、征用有关单位及个人的物资，要按照规定给予抚恤、补助或补偿，并提供心理及司法援助。有关部门要做好疫病防治和环境污染消除工作。保险监管机构督促有关保险机构及时做好有关单位和个人损失的理赔工作。

3.3.2 调查与评估

要对特别重大突发公共事件的起因、性质、影响、责任、经验教训和恢复重建等问题进行调查评估。

3.3.3 恢复重建

根据受灾地区恢复重建计划组织实施恢复重建工作。

3.4 信息发布

突发公共事件的信息发布应当及时、准确、客观、全面。事件发生的第一时间要向社会发布简要信息，随后发布初步核实情况、政府应对措施和公众防范措施等，并根据事件处置情况做好后续发布工作。

信息发布形式主要包括授权发布、散发新闻稿、组织报道、接受记者采访、举行新闻发布会等。

4 应急保障

各有关部门要按照职责分工和相关预案做好突发公共事件的应对工作，同时根据总体预案切实做好应对突发公共事件的人力、物力、财力、交通运输、医疗卫生及通信保障等工作，保证应急救援工作的需要和灾区群众的基本生活，以及恢复重建工作的顺利进行。

4.1 人力资源

公安（消防）、医疗卫生、地震救援、海上搜救、矿山救护、森林消防、防洪抢险、核与辐射、环境监控、危险化学品事故救援、铁路事故、民航事故、基础信息网络和重要信息系统事故处置，以及水、电、油、气等工程抢险救援队伍是应急救援的专业队伍和骨干力量。地方各级人民政府和有关部门、单位要加强应急救援队伍的业务培训和应急演练，建立联动协调机制，提高装备水平；动员社会团体、企事业单位以及志愿者等各种社会力量参与应急救援工作；增进国际间的交流与合作。要加强以乡镇和社区为单位的公众应急能力建设，发挥其在应对突发公共事件中的重要作用。

中国人民解放军和中国人民武装警察部队是处置突发公共事件的骨干和突击力量，按照有关规定参加应急处置工作。

4.2 财力保障

要保证所需突发公共事件应急准备和救援工作资金。对受突发公共事件影响较大的行业、企事业单位和个人要及时研究提出相应的补偿或救助政策。要对突发公共事件财政应急保障资金的使用和效果进行监管和评估。

鼓励自然人、法人或者其他组织（包括国际组织）按照《中华人民共和国公益事业捐赠法》等有关法律、法规的规定进行捐赠和援助。

4.3 物资保障

要建立健全应急物资监测网络、预警体系和应急物资生产、储备、调拨及紧急配送体系，完善应急工作程序，确保应急所需物资和生活用品的及时供应，并加强对物资储备的监督管理，及时予以补充和更新。

地方各级人民政府应根据有关法律、法规和应急预案的规定，做好物资储备工作。

4.4 基本生活保障

要做好受灾群众的基本生活保障工作，确保灾区群众有饭吃、有水喝、有衣穿、有住处、有病能得到及时医治。

4.5 医疗卫生保障

卫生部门负责组建医疗卫生应急专业技术队伍，根据需要及时赴现场开展医疗救治、疾病预防控制等卫生应急工作。及时为受灾地区提供药品、器械等卫生和医疗设备。必要时，组织动员红十字会等社会卫生力量参与医疗卫生救助工作。

4.6 交通运输保障

要保证紧急情况下应急交通工具的优先安排、优先调度、优先放行，确保运输安全畅通；要依法建立紧急情况社会交通运输工具的征用程序，确保抢险救灾物资和人员能够及时、安全送达。

根据应急处置需要，对现场及相关通道实行交通管制，开设应急救援"绿色通道"，保证应急救援工作的顺利开展。

4.7 治安维护

要加强对重点地区、重点场所、重点人群、重要物资和设备的安全保护，依法严厉打击违法犯罪活动。必要时，依法采取有效管制措施，控制事态，维护社会秩序。

4.8 人员防护

要指定或建立与人口密度、城市规模相适应的应急避险场所，完善紧急疏散管理办法和程序，明确各级责任人，确保在紧急情况下公众安全、有序的转移或疏散。

要采取必要的防护措施，严格按照程序开展应急救援工作，确保人员安全。

4.9 通信保障

建立健全应急通信、应急广播电视保障工作体系，完善公用通信网，建立有线和无线相结合、基础电信网络与机动通信系统相配套的应急通信系统，确保通信畅通。

4.10 公共设施

有关部门要按照职责分工，分别负责煤、电、油、气、水的供给，以及废水、废气、固体废弃物等有害物质的监测和处理。

4.11 科技支撑

要积极开展公共安全领域的科学研究；加大公共安全监测、预测、预警、预防和应急处置技术研发的投入，不断改进技术装备，建立健全公共安全应急技术平台，提高我国公共安全科技水平；注意发挥企业在公共安全领域的研发作用。

5 监督管理

5.1 预案演练

各地区、各部门要结合实际，有计划、有重点地组织有关部门对相关预案进行演练。

5.2 宣传和培训

宣传、教育、文化、广电、新闻出版等有关部门要通过图书、报刊、音像制品和电子出版物、广播、电视、网络等，广泛宣传应急法律法规和预防、避险、自救、互救、减灾等常识，增强公众的忧患意识、社会责任意识和自救、互救能力。各有关方面要有计划地对应急救援和管理人员进行培训，提高其专业技能。

5.3 责任与奖惩

突发公共事件应急处置工作实行责任追究制。

对突发公共事件应急管理工作中做出突出贡献的先进集体和个人

要给予表彰和奖励。

对迟报、谎报、瞒报和漏报突发公共事件重要情况或者应急管理工作中有其他失职、渎职行为的，依法对有关责任人给予行政处分；构成犯罪的，依法追究刑事责任。

6 附则

6.1 预案管理

根据实际情况的变化，及时修订本预案。

本预案自发布之日起实施。

国家突发环境事件应急预案

国务院办公厅关于印发国家突发环境事件应急预案的通知

国办函〔2014〕119 号

各省、自治区、直辖市人民政府，国务院各部委、各直属机构：

经国务院同意，现将修订后的《国家突发环境事件应急预案》印发给你们，请认真组织实施。2005 年 5 月 24 日经国务院批准、由国务院办公厅印发的《国家突发环境事件应急预案》同时废止。

国务院办公厅

2014 年 12 月 29 日

1 总则

1.1 编制目的

健全突发环境事件应对工作机制，科学有序高效应对突发环境事件，保障人民群众生命财产安全和环境安全，促进社会全面、协调、可持续发展。

1.2 编制依据

依据《中华人民共和国环境保护法》、《中华人民共和国突发事件应对法》、《中华人民共和国放射性污染防治法》、《国家突发公共事件总体应急预案》及相关法律法规等，制定本预案。

1.3 适用范围

本预案适用于我国境内突发环境事件应对工作。

突发环境事件是指由于污染物排放或自然灾害、生产安全事故等因素，导致污染物或放射性物质等有毒有害物质进入大气、水体、土壤等环境介质，突然造成或可能造成环境质量下降，危及公众身体健康和财产安全，或造成生态环境破坏，或造成重大社会影响，需要采取紧急措施予以应对的事件，主要包括大气污染、水体污染、土壤污染等突发性环境污染事件和辐射污染事件。

核设施及有关核活动发生的核事故所造成的辐射污染事件、海上溢油事件、船舶污染事件的应对工作按照其他相关应急预案规定执行。重污染天气应对工作按照国务院《大气污染防治行动计划》等有关规定执行。

1.4 工作原则

突发环境事件应对工作坚持统一领导、分级负责，属地为主、协调联动，快速反应、科学处置，资源共享、保障有力的原则。突发环境事件发生后，地方人民政府和有关部门立即自动按照职责分工和相关预案开展应急处置工作。

1.5 事件分级

按照事件严重程度，突发环境事件分为特别重大、重大、较大和一般四级。突发环境事件分级标准见附件1。

2 组织指挥体系

2.1 国家层面组织指挥机构

环境保护部负责重特大突发环境事件应对的指导协调和环境应急的日常监督管理工作。根据突发环境事件的发展态势及影响，环境保护部或省级人民政府可报请国务院批准，或根据国务院领导同志指示，成立国务院工作组，负责指导、协调、督促有关地区和部门开展突发环境事件应对工作。必要时，成立国家环境应急指挥部，由国务院领导同志担任总指挥，统一领导、组织和指挥应急处置工作；国务院办公厅履行信息汇总和综合协调职责，发挥运转枢纽作用。国家环境应急指挥部组成及工作组职责见附件2。

2.2 地方层面组织指挥机构

县级以上地方人民政府负责本行政区域内的突发环境事件应对工作，明确相应组织指挥机构。跨行政区域的突发环境事件应对工作，由各有关行政区域人民政府共同负责，或由有关行政区域共同的上一级地方人民政府负责。对需要国家层面协调处置的跨省级行政区域突发环境事件，由有关省级人民政府向国务院提出请求，或由有关省级环境保护主管部门向环境保护部提出请求。

地方有关部门按照职责分工，密切配合，共同做好突发环境事件应对工作。

2.3 现场指挥机构

负责突发环境事件应急处置的人民政府根据需要成立现场指挥部，负责现场组织指挥工作。参与现场处置的有关单位和人员要服从现场指挥部的统一指挥。

3 监测预警和信息报告

3.1 监测和风险分析

各级环境保护主管部门及其他有关部门要加强日常环境监测，并对可能导致突发环境事件的风险信息加强收集、分析和研判。安全监管、交通运输、公安、住房城乡建设、水利、农业、卫生计生、气象等有关部门按照职责分工，应当及时将可能导致突发环境事件的信息通报同级环境保护主管部门。

企业事业单位和其他生产经营者应当落实环境安全主体责任，定期排查环境安全隐患，开展环境风险评估，健全风险防控措施。当出现可能导致突发环境事件的情况时，要立即报告当地环境保护主管部门。

3.2 预警

3.2.1 预警分级

对可以预警的突发环境事件，按照事件发生的可能性大小、紧急程度和可能造成的危害程度，将预警分为四级，由低到高依次用蓝色、黄色、橙色和红色表示。

预警级别的具体划分标准，由环境保护部制定。

3.2.2 预警信息发布

地方环境保护主管部门研判可能发生突发环境事件时，应当及时向本级人民政府提出预警信息发布建议，同时通报同级相关部门和单位。地方人民政府或其授权的相关部门，及时通过电视、广播、报纸、互联网、手机短信、当面告知等渠道或方式向本行政区域公众发布预警信息，并通报可能影响到的相关地区。

上级环境保护主管部门要将监测到的可能导致突发环境事件的有关信息，及时通报可能受影响地区的下一级环境保护主管部门。

3.2.3 预警行动

预警信息发布后,当地人民政府及其有关部门视情采取以下措施:

(1)分析研判。组织有关部门和机构、专业技术人员及专家,及时对预警信息进行分析研判,预估可能的影响范围和危害程度。

(2)防范处置。迅速采取有效处置措施,控制事件苗头。在涉险区域设置注意事项提示或事件危害警告标志,利用各种渠道增加宣传频次,告知公众避险和减轻危害的常识、需采取的必要的健康防护措施。

(3)应急准备。提前疏散、转移可能受到危害的人员,并进行妥善安置。责令应急救援队伍、负有特定职责的人员进入待命状态,动员后备人员做好参加应急救援和处置工作的准备,并调集应急所需物资和设备,做好应急保障工作。对可能导致突发环境事件发生的相关企业事业单位和其他生产经营者加强环境监管。

(4)舆论引导。及时准确发布事态最新情况,公布咨询电话,组织专家解读。加强相关舆情监测,做好舆论引导工作。

3.2.4 预警级别调整和解除

发布突发环境事件预警信息的地方人民政府或有关部门,应当根据事态发展情况和采取措施的效果适时调整预警级别;当判断不可能发生突发环境事件或者危险已经消除时,宣布解除预警,适时终止相关措施。

3.3 信息报告与通报

突发环境事件发生后,涉事企业事业单位或其他生产经营者必须采取应对措施,并立即向当地环境保护主管部门和相关部门报告,同时通报可能受到污染危害的单位和居民。因生产安全事故导致突发环境事件的,安全监管等有关部门应当及时通报同级环境保护主管部门。环境保护主管部门通过互联网信息监测、环境污染举报热线等多种渠道,加强对突发环境事件的信息收集,及时掌握突发环境事件发生情况。

事发地环境保护主管部门接到突发环境事件信息报告或监测到相关信息后,应当立即进行核实,对突发环境事件的性质和类别作出初步认定,按照国家规定的时限、程序和要求向上级环境保护主管部门和同级人民政府报告,并通报同级其他相关部门。突发环境事件已经或者可能涉及相邻行政区域的，事发地人民政府或环境保护主管部门应当及时通报相邻行政区域同级人民政府或环境保护主管部门。地方各级人民政府及其环境保护主管部门应当按照有关规定逐级上报，必要时可越级上报。

接到已经发生或者可能发生跨省级行政区域突发环境事件信息时，环境保护部要及时通报相关省级环境保护主管部门。

对以下突发环境事件信息，省级人民政府和环境保护部应当立即向国务院报告：

（1）初判为特别重大或重大突发环境事件；

（2）可能或已引发大规模群体性事件的突发环境事件；

（3）可能造成国际影响的境内突发环境事件；

（4）境外因素导致或可能导致我境内突发环境事件；

（5）省级人民政府和环境保护部认为有必要报告的其他突发环境事件。

4　应急响应

4.1　响应分级

根据突发环境事件的严重程度和发展态势，将应急响应设定为Ⅰ级、Ⅱ级、Ⅲ级和Ⅳ级四个等级。初判发生特别重大、重大突发环境事件，分别启动Ⅰ级、Ⅱ级应急响应，由事发地省级人民政府负责应对工作；初判发生较大突发环境事件，启动Ⅲ级应急响应，由事发地设区的市级人民政府负责应对工作；初判发生一般突发环境事件，启动Ⅳ级应急响应，由事发地县级人民政府负责应对工作。

突发环境事件发生在易造成重大影响的地区或重要时段时，可适当提高响应级别。应急响应启动后，可视事件损失情况及其发展趋势调整响应级别，避免响应不足或响应过度。

4.2　响应措施

突发环境事件发生后，各有关地方、部门和单位根据工作需要，组织采取以下措施。

4.2.1　现场污染处置

涉事企业事业单位或其他生产经营者要立即采取关闭、停产、封堵、围挡、喷淋、转移等措施，切断和控制污染源，防止污染蔓延扩散。做好有毒有害物质和消防废水、废液等的收集、清理和安全处置工作。当涉事企业事业单位或其他生产经营者不明时，由当地环境保护主管部门组织对污染来源开展调查，查明涉事单位，确定污染物种类和污染范围，切断污染源。

事发地人民政府应组织制订综合治污方案，采用监测和模拟等手段追踪污染气体扩散途径和范围；采取拦截、导流、疏浚等形式防止水体污染扩大；采取隔离、吸附、打捞、氧化还原、中和、沉淀、消毒、去污洗消、临时收贮、微生物消解、调水稀释、转移异地处置、临时改造污染处置工艺或临时建设污染处置工程等方法处置污染物。必要时，要求其他排污单位停产、限产、限排，减轻环境污染负荷。

4.2.2 转移安置人员

根据突发环境事件影响及事发当地的气象、地理环境、人员密集度等，建立现场警戒区、交通管制区域和重点防护区域，确定受威胁人员疏散的方式和途径，有组织、有秩序地及时疏散转移受威胁人员和可能受影响地区居民，确保生命安全。妥善做好转移人员安置工作，确保有饭吃、有水喝、有衣穿、有住处和必要医疗条件。

4.2.3 医学救援

迅速组织当地医疗资源和力量，对伤病员进行诊断治疗，根据需要及时、安全地将重症伤病员转运到有条件的医疗机构加强救治。指导和协助开展受污染人员的去污洗消工作，提出保护公众健康的措施建议。视情增派医疗卫生专家和卫生应急队伍、调配急需医药物资，支持事发地医学救援工作。做好受影响人员的心理援助。

4.2.4 应急监测

加强大气、水体、土壤等应急监测工作，根据突发环境事件的污染物种类、性质以及当地自然、社会环境状况等，明确相应的应急监测方案及监测方法，确定监测的布点和频次，调配应急监测设备、车辆，及时准确监测，为突发环境事件应急决策提供依据。

4.2.5 市场监管和调控

密切关注受事件影响地区市场供应情况及公众反应，加强对重要生活必需品等商品的市场监管和调控。禁止或限制受污染食品和饮用水的生产、加工、流通和食用，防范因突发环境事件造成的集体中毒等。

4.2.6 信息发布和舆论引导

通过政府授权发布、发新闻稿、接受记者采访、举行新闻发布会、组织专家解读等方式，借助电视、广播、报纸、互联网等多种途径，主动、及时、准确、客观向社会发布突发环境事件和应对工作信息，回应社会关切，澄清不实信息，正确引导社会舆论。信息发布内容包括事件原因、污染程度、影响范围、应对措施、需要公众配合采取的措施、公众防范常识和事件调查处理进展情况等。

4.2.7 维护社会稳定

加强受影响地区社会治安管理，严厉打击借机传播谣言制造社会恐慌、哄抢救灾物资等违法犯罪行为；加强转移人员安置点、救灾物资存放点等重点地区治安管控；做好受影响人员与涉事单位、地方人民政府及有关部门矛盾纠纷化解和法律服务工作，防止出现群体性事件，维护社会稳定。

4.2.8 国际通报和援助

如需向国际社会通报或请求国际援助时，环境保护部商外交部、商务部提出需要通报或请求援助的国家（地区）和国际组织、事项内容、时机等，按照有关规定由指定机构向国际社会发出通报或呼吁信息。

4.3 国家层面应对工作

4.3.1 部门工作组应对

初判发生重大以上突发环境事件或事件情况特殊时，环境保护部立即派出工作组赴现场指导督促当地开展应急处置、应急监测、原因调查等工作，并根据需要协调有关方面提供队伍、物资、技术等支持。

4.3.2 国务院工作组应对

当需要国务院协调处置时，成立国务院工作组。主要开展以下工作：

（1）了解事件情况、影响、应急处置进展及当地需求等；

（2）指导地方制订应急处置方案；

（3）根据地方请求，组织协调相关应急队伍、物资、装备等，为应急处置提供支援和技术支持；

（4）对跨省级行政区域突发环境事件应对工作进行协调；

（5）指导开展事件原因调查及损害评估工作。

4.3.3 国家环境应急指挥部应对

根据事件应对工作需要和国务院决策部署，成立国家环境应急指挥部。主要开展以下工作：

（1）组织指挥部成员单位、专家组进行会商，研究分析事态，部署应急处置工作；

（2）根据需要赴事发现场或派出前方工作组赴事发现场协调开展应对工作；

（3）研究决定地方人民政府和有关部门提出的请求事项；

（4）统一组织信息发布和舆论引导；

（5）视情向国际通报，必要时与相关国家和地区、国际组织领导人通电话；

（6）组织开展事件调查。

4.4 响应终止

当事件条件已经排除、污染物质已降至规定限值以内、所造成的危害基本消除时，由启动响应的人民政府终止应急响应。

5 后期工作

5.1 损害评估

突发环境事件应急响应终止后，要及时组织开展污染损害评估，并将评估结果向社会公布。评估结论作为事件调查处理、损害赔偿、环境修复和生态恢复重建的依据。

突发环境事件损害评估办法由环境保护部制定。

5.2 事件调查

突发环境事件发生后，根据有关规定，由环境保护主管部门牵头，可会同监察机关及相关部门，组织开展事件调查，查明事件原因和性质，提出整改防范措施和处理建议。

5.3 善后处置

事发地人民政府要及时组织制订补助、补偿、抚慰、抚恤、安置和环境恢复等善后工作方案并组织实施。保险机构要及时开展相关理赔工作。

6　应急保障

6.1　队伍保障

国家环境应急监测队伍、公安消防部队、大型国有骨干企业应急救援队伍及其他相关方面应急救援队伍等力量，要积极参加突发环境事件应急监测、应急处置与救援、调查处理等工作任务。发挥国家环境应急专家组作用，为重特大突发环境事件应急处置方案制订、污染损害评估和调查处理工作提供决策建议。县级以上地方人民政府要强化环境应急救援队伍能力建设，加强环境应急专家队伍管理，提高突发环境事件快速响应及应急处置能力。

6.2　物资与资金保障

国务院有关部门按照职责分工，组织做好环境应急救援物资紧急生产、储备调拨和紧急配送工作，保障支援突发环境事件应急处置和环境恢复治理工作的需要。县级以上地方人民政府及其有关部门要加强应急物资储备，鼓励支持社会化应急物资储备，保障应急物资、生活必需品的生产和供给。环境保护主管部门要加强对当地环境应急物资储备信息的动态管理。

突发环境事件应急处置所需经费首先由事件责任单位承担。县级以上地方人民政府对突发环境事件应急处置工作提供资金保障。

6.3　通信、交通与运输保障

地方各级人民政府及其通信主管部门要建立健全突发环境事件应急通信保障体系，确保应急期间通信联络和信息传递需要。交通运输部门要健全公路、铁路、航空、水运紧急运输保障体系，保障应急响应所需人员、物资、装备、器材等的运输。公安部门要加强应急交通管理，保障运送伤病员、应急救援人员、物资、装备、器材车辆的优先通行。

6.4　技术保障

支持突发环境事件应急处置和监测先进技术、装备的研发。依托环境应急指挥技术平台，实现信息综合集成、分析处理、污染损害评估的智能化和数字化。

7 附则

7.1 预案管理

预案实施后，环境保护部要会同有关部门组织预案宣传、培训和演练，并根据实际情况，适时组织评估和修订。地方各级人民政府要结合当地实际制定或修订突发环境事件应急预案。

7.2 预案解释

本预案由环境保护部负责解释。

7.3 预案实施时间

本预案自印发之日起实施。

附件：

1. 突发环境事件分级标准（略）
2. 国家环境应急指挥部组成及工作组职责（略）

国家重大食品安全事故应急预案

(2011 年 10 月 5 日中华人民共和国国务院修订)

1 总则

1.1 编制目的

建立健全应对食品安全事故运行机制，有效预防、积极应对食品安全事故，高效组织应急处置工作，最大限度地减少食品安全事故的危害，保障公众健康与生命安全，维护正常的社会经济秩序。

1.2 编制依据

依据《中华人民共和国突发事件应对法》、《中华人民共和国食品安全法》、《中华人民共和国农产品质量安全法》、《中华人民共和国食品安全法实施条例》、《突发公共卫生事件应急条例》和《国家突发公共事件总体应急预案》，制定本预案。

1.3 事故分级

食品安全事故，指食物中毒、食源性疾病、食品污染等源于食品，对人体健康有危害或者可能有危害的事故。食品安全事故共分四级，即特别重大食品安全事故、重大食品安全事故、较大食品安全事故和一般食品安全事故。事故等级的评估核定，由卫生行政部门会同有关部门依照有关规定进行。

1.4 事故处置原则

（1）以人为本，减少危害。把保障公众健康和生命安全作为应急处置的首要任务，最大限度减少食品安全事故造成的人员伤亡和健康损害。

（2）统一领导，分级负责。按照"统一领导、综合协调、分类管理、分级负责、属地管理为主"的应急管理体制，建立快速反应、协同应对的食品安全事故应急机制。

（3）科学评估，依法处置。有效使用食品安全风险监测、评估和预警等科学手段；充分发挥专业队伍的作用，提高应对食品安全事故的水平和能力。

（4）居安思危，预防为主。坚持预防与应急相结合，常态与非常态相结合，做好应急准备，落实各项防范措施，防患于未然。建立健全日常管理制度，加强食品安全风险监测、评估和预警；加强宣教培训，提高公众自我防范和应对食品安全事故的意识和能力。

2 组织机构及职责

2.1 应急机制启动

食品安全事故发生后，卫生行政部门依法组织对事故进行分析评估，核定事故级别。特别重大食品安全事故，由卫生部会同食品安全办向国务院提出启动 I 级响应的建议，经国务院批准后，成立国家特别重大食品安全事故应急处置指挥部（以下简称指挥部），统一领导和指挥事故应急处置工作；重大、较大、一般食品安全事故，分别由事故所在地省、市、县级人民政府组织成立相应应急处置指挥机构，统一组织开展本行政区域事故应急处置工作。

2.2 指挥部设置

指挥部成员单位根据事故的性质和应急处置工作的需要确定，主要包括卫生部、农业部、商务部、工商总局、质检总局、食品药品监管局、铁道部、粮食局、中央宣传部、教育部、工业和信息化部、公安部、监察部、民政部、财政部、环境保护部、交通运输部、海关总署、旅游局、新闻办、民航局和食品安全办等部门以及相关行业协会组织。当事故涉及国外、港澳台时，增加外交部、港澳办、台办等部门为成员单位。由卫生部、食品安全办等有关部门人员组成指挥部办公室。

2.3 指挥部职责

指挥部负责统一领导事故应急处置工作；研究重大应急决策和部署；组织发布事故的重要信息；审议批准指挥部办公室提交的应急处置工作报告；应急处置的其他工作。

2.4 指挥部办公室职责

指挥部办公室承担指挥部的日常工作，主要负责贯彻落实指挥部的各项部署，组织实施事故应急处置工作；检查督促相关地区和部门做好各项应急处置工作，及时有效地控制事故，防止事态蔓延扩大；研究协调解决事故应急处理工作中的具体问题；向国务院、指挥部及其成员单位报告、通报事故应急处置的工作情况；组织信息发布。指挥部办公室建立会商、发文、信息发布和督查等制度，确保快速反应、高效处置。

2.5 成员单位职责

各成员单位在指挥部统一领导下开展工作，加强对事故发生地人民政府有关部门工作的督促、指导，积极参与应急救援工作。

2.6 工作组设置及职责

根据事故处置需要，指挥部可下设若干工作组，分别开展相关工作。各工作组在指挥部的统一指挥下开展工作，并随时向指挥部办公室报告工作开展情况。

（1）事故调查组

由卫生部牵头，会同公安部、监察部及相关部门负责调查事故发生原因，评估事故影响，尽快查明致病原因，作出调查结论，提出事故防范意见；对涉嫌犯罪的，由公安部负责，督促、指导涉案地公安机关立案侦办，查清事实，依法追究刑事责任；对监管部门及其他机关工作人员的失职、渎职等行为进行调查。根据实际需要，事故调查组可以设置在事故发生地或派出部分人员赴现场开展事故调查（简称前方工作组）。

（2）危害控制组

由事故发生环节的具体监管职能部门牵头，会同相关监管部门监督、指导事故发生地政府职能部门召回、下架、封存有关食品、原料、食品添加剂及食品相关产品，严格控制流通渠道，防止危害蔓延扩大。

（3）医疗救治组

由卫生部负责，结合事故调查组的调查情况，制定最佳救治方案，指导事故发生地人民政府卫生部门对健康受到危害的人员进行医疗救治。

（4）检测评估组

由卫生部牵头，提出检测方案和要求，组织实施相关检测，综合分析各方检测数据，查找事故原因和评估事故发展趋势，预测事故后果，为制定现场抢救方案和采取控制措施提供参考。检测评估结果要及时报告指挥部办公室。

（5）维护稳定组

由公安部牵头，指导事故发生地人民政府公安机关加强治安管理，维护社会稳定。

（6）新闻宣传组

由中央宣传部牵头，会同新闻办、卫生部等部门组织事故处置宣传报道和舆论引导，并配合相关部门做好信息发布工作。

（7）专家组

指挥部成立由有关方面专家组成的专家组，负责对事故进行分析评估，为应急响应的调整和解除以及应急处置工作提供决策建议，必要时参与应急处置。

2.7　应急处置专业技术机构

医疗、疾病预防控制以及各有关部门的食品安全相关技术机构作为食品安全事故应急处置专业技术机构，应当在卫生行政部门及有关食品安全监管部门组织领导下开展应急处置相关工作。

3　应急保障

3.1　信息保障

卫生部会同国务院有关监管部门建立国家统一的食品安全信息网络体系，包含食品安全监测、事故报告与通报、食品安全事故隐患预警等内容；建立健全医疗救治信息网络，实现信息共享。卫生部负责食品安全信息网络体系的统一管理。

有关部门应当设立信息报告和举报电话，畅通信息报告渠道，确保食品安全事故的及时报告与相关信息的及时收集。

3.2　医疗保障

卫生行政部门建立功能完善、反应灵敏、运转协调、持续发展的医疗救治体系，在食品安全事故造成人员伤害时迅速开展医疗救治。

3.3　人员及技术保障

应急处置专业技术机构要结合本机构职责开展专业技术人员食品安全事故应急处置能力培训，加强应急处置力量建设，提高快速应对能力和技术水平。健全专家队伍，为事故核实、级别核定、事故隐患预警及应急响应等相关技术工作提供人才保障。国务院有关部门加强食品安全事故监测、预警、预防和应急处置等技术研发，促进国内外交流与合作，为食品安全事故应急处置提供技术保障。

3.4　物资与经费保障

食品安全事故应急处置所需设施、设备和物资的储备与调用应当得到保障；使用储备物资后须及时补充；食品安全事故应急处置、产品抽样及检验等所需经费应当列入年度财政预算，保障应急资金。

3.5　社会动员保障

根据食品安全事故应急处置的需要，动员和组织社会力量协助参与应急处置，必要时依法调用企业及个人物资。在动用社会力量或企业、个人物资进行应急处置后，应当及时归还或给予补偿。

3.6　宣教培训

国务院有关部门应当加强对食品安全专业人员、食品生产经营者及广大消费者的食品安全知识宣传、教育与培训，促进专业人员掌握食品安全相关工作技能，增强食品生产经营者的责任意识，提高消费者的风险意识和防范能力。

4　监测预警、报告与评估

4.1　监测预警

卫生部会同国务院有关部门根据国家食品安全风险监测工作需要，在综合利用现有监测机构能力的基础上，制定和实施加强国家食品安全风险监测能力建设规划，建立覆盖全国的食源性疾病、食品污染和食品中有害因素监测体系。卫生部根据食品安全风险监测结果，对食品安全状况进行综合分析，对可能具有较高程度安全风险的食品，提出并公布食品安全风险警示信息。

有关监管部门发现食品安全隐患或问题，应及时通报卫生行政部门和有关方面，依法及时采取有效控制措施。

4.2　事故报告

4.2.1　事故信息来源

（1）食品安全事故发生单位与引发食品安全事故食品的生产经营单位报告的信息；

（2）医疗机构报告的信息；

（3）食品安全相关技术机构监测和分析结果；

（4）经核实的公众举报信息；

（5）经核实的媒体披露与报道信息；

（6）世界卫生组织等国际机构、其他国家和地区通报我国信息。

4.2.2　报告主体和时限

（1）食品生产经营者发现其生产经营的食品造成或者可能造成公众健康损害的情况和信息，应当在2小时内向所在地县级卫生行政部门和负责本单位食品安全监管工作的有关部门报告。

（2）发生可能与食品有关的急性群体性健康损害的单位，应当在2小时内向所在地县级卫生行政部门和有关监管部门报告。

（3）接收食品安全事故病人治疗的单位，应当按照卫生部有关规定及时向所在地县级卫生行政部门和有关监管部门报告。

（4）食品安全相关技术机构、有关社会团体及个人发现食品安全事故相关情况，应当及时向县级卫生行政部门和有关监管部门报告或举报。

（5）有关监管部门发现食品安全事故或接到食品安全事故报告或举报，应当立即通报同级卫生行政部门和其他有关部门，经初步核实后，要继续收集相关信息，并及时将有关情况进一步向卫生行政部门和其他有关监管部门通报。

（6）经初步核实为食品安全事故且需要启动应急响应的，卫生行政部门应当按规定向本级人民政府及上级人民政府卫生行政部门报告；必要时，可直接向卫生部报告。

4.2.3　报告内容

食品生产经营者、医疗、技术机构和社会团体、个人向卫生行政部门和有关监管部门报告疑似食品安全事故信息时，应当包括事故发生时间、地点和人数等基本情况。

有关监管部门报告食品安全事故信息时，应当包括事故发生单位、时间、地点、危害程度、伤亡人数、事故报告单位信息（含报告时间、报告单位联系人员及联系方式）、已采取措施、事故简要经过等内容；并随时通报或者补报工作进展。

4.3　事故评估

4.3.1　有关监管部门应当按有关规定及时向卫生行政部门提供相关信息和资料，由卫生行政部门统一组织协调开展食品安全事故评估。

4.3.2　食品安全事故评估是为核定食品安全事故级别和确定应采取的措施而进行的评估。评估内容包括：

（1）污染食品可能导致的健康损害及所涉及的范围，是否已造成健康损害后果及严重程度；

（2）事故的影响范围及严重程度；

（3）事故发展蔓延趋势。

5　应急响应

5.1　分级响应

根据食品安全事故分级情况，食品安全事故应急响应分为Ⅰ级、Ⅱ级、Ⅲ级和Ⅳ级响应。核定为特别重大食品安全事故，报经国务院批准并宣布启动Ⅰ级响应后，指挥部立即成立运行，组织开展应急处置。重大、较大、一般食品安全事故分别由事故发生地的省、市、县级人民政府启动相应级别响应，成立食品安全事故应急处置指挥机构进行处置。必要时上级人民政府派出工作组指导、协助事故应急处置工作。

启动食品安全事故Ⅰ级响应期间，指挥部成员单位在指挥部的统一指挥与调度下，按相应职责做好事故应急处置相关工作。事发地省级人民政府按照指挥部的统一部署，组织协调地市级、县级人民政府全力开展应急处置，并及时报告相关工作进展情况。事故发生单位按照相应的处置方案开展先期处置，并配合卫生行政部门及有关部门做好食品安全事故的应急处置。

食源性疾病中涉及传染病疫情的，按照《中华人民共和国传染病防治法》和《国家突发公共卫生事件应急预案》等相关规定开展疫情防控和应急处置。

5.2　应急处置措施

事故发生后，根据事故性质、特点和危害程度，立即组织有关部门，依照有关规定采取下列应急处置措施，以最大限度减轻事故危害：

（1）卫生行政部门有效利用医疗资源，组织指导医疗机构开展食品安全事故患者的救治。

（2）卫生行政部门及时组织疾病预防控制机构开展流行病学调查与检测，相关部门及时组织检验机构开展抽样检验，尽快查找食品安全事故发生的原因。对涉嫌犯罪的，公安机关及时介入，开展相关违法犯罪行为侦破工作。

（3）农业行政、质量监督、检验检疫、工商行政管理、食品药品监管、商务等有关部门应当依法强制性就地或异地封存事故相关食品及原料和被污染的食品用工具及用具，待卫生行政部门查明导致食品安全事故的原因后，责令食品生产经营者彻底清洗消毒被污染的食品用工具及用具，消除污染。

（4）对确认受到有毒有害物质污染的相关食品及原料，农业行政、质量监督、工商行政管理、食品药品监管等有关监管部门应当依法责令生产经营者召回、停止经营及进出口并销毁。检验后确认未被污染的应当予以解封。

（5）及时组织研判事故发展态势，并向事故可能蔓延到的地方人民政府通报信息，提醒做好应对准备。事故可能影响到国（境）外时，及时协调有关涉外部门做好相关通报工作。

5.3　检测分析评估

应急处置专业技术机构应当对引发食品安全事故的相关危险因素及时进行检测，专家组对检测数据进行综合分析和评估，分析事故发展趋势、预测事故后果，为制定事故调查和现场处置方案提供参考。有关部门对食品安全事故相关危险因素消除或控制，事故中伤病人员救治，现场、受污染食品控制，食品与环境，次生、衍生事故隐患消除等情况进行分析评估。

5.4　响应级别调整及终止

在食品安全事故处置过程中，要遵循事故发生发展的客观规律，结合实际情况和防控工作需要，根据评估结果及时调整应急响应级别，直至响应终止。

5.4.1　响应级别调整及终止条件

（1）级别提升

当事故进一步加重，影响和危害扩大，并有蔓延趋势，情况复杂难以控制时，应当及时提升响应级别。

当学校或托幼机构、全国性或区域性重要活动期间发生食品安全事故时，可相应提高响应级别，加大应急处置力度，确保迅速、有效控制食品安全事故，维护社会稳定。

（2）级别降低

事故危害得到有效控制，且经研判认为事故危害降低到原级别评估标准以下或无进一步扩散趋势的，可降低应急响应级别。

（3）响应终止

当食品安全事故得到控制，并达到以下两项要求，经分析评估认为可解除响应的，应当及时终止响应：

——食品安全事故伤病员全部得到救治，原患者病情稳定 24 小时以上，且无新的急性病症患者出现，食源性感染性疾病在末例患者后经过最长潜伏期无新病例出现；

——现场、受污染食品得以有效控制，食品与环境污染得到有效清理并符合相关标准，次生、衍生事故隐患消除。

5.4.2 响应级别调整及终止程序

指挥部组织对事故进行分析评估论证。评估认为符合级别调整条件的，指挥部提出调整应急响应级别建议，报同级人民政府批准后实施。应急响应级别调整后，事故相关地区人民政府应当结合调整后级别采取相应措施。评估认为符合响应终止条件时，指挥部提出终止响应的建议，报同级人民政府批准后实施。

上级人民政府有关部门应当根据下级人民政府有关部门的请求，及时组织专家为食品安全事故响应级别调整和终止的分析论证提供技术支持与指导。

5.5 信息发布

事故信息发布由指挥部或其办公室统一组织，采取召开新闻发布会、发布新闻通稿等多种形式向社会发布，做好宣传报道和舆论引导。

6 后期处置

6.1 善后处置

事发地人民政府及有关部门要积极稳妥、深入细致地做好善后处置工作，消除事故影响，恢复正常秩序。完善相关政策，促进行业健康发展。

食品安全事故发生后，保险机构应当及时开展应急救援人员保险受理和受灾人员保险理赔工作。

造成食品安全事故的责任单位和责任人应当按照有关规定对受害人给予赔偿，承担受害人后续治疗及保障等相关费用。

6.2 奖惩

6.2.1 奖励

对在食品安全事故应急管理和处置工作中作出突出贡献的先进集体和个人，应当给予表彰和奖励。

6.2.2 责任追究

对迟报、谎报、瞒报和漏报食品安全事故重要情况或者应急管理工作中有其他失职、渎职行为的，依法追究有关责任单位或责任人的责任；构成犯罪的，依法追究刑事责任。

6.3 总结

食品安全事故善后处置工作结束后，卫生行政部门应当组织有关部门及时对食品安全事故和应急处置工作进行总结，分析事故原因和影响因素，评估应急处置工作开展情况和效果，提出对类似事故的防范和处置建议，完成总结报告。

7 附则

7.1 预案管理与更新

与食品安全事故处置有关的法律法规被修订，部门职责或应急资源发生变化，应急预案在实施过程中出现新情况或新问题时，要结合实际及时修订与完善本预案。

国务院有关食品安全监管部门、地方各级人民政府参照本预案，制定本部门和地方食品安全事故应急预案。

7.2 演习演练

国务院有关部门要开展食品安全事故应急演练，以检验和强化应急准备和应急响应能力，并通过对演习演练的总结评估，完善应急预案。

7.3 预案实施

本预案自发布之日起施行。

农药使用安全事故应急预案

农业部关于印发《农药使用安全事故应急预案》的通知

农农发〔2012〕2号

各省、自治区、直辖市农业（农牧）厅（局、委），新疆生产建设兵团农业局，黑龙江农垦总局：

为有效预防、控制和减轻农药使用安全事故的危害，规范事故应急处置程序，依据《中华人民共和国突发事件应对法》、《国家突发公共事件总体应急预案》、《农药管理条例》、《农药管理条例实施办法》、《农业部农业突发公共事件应急预案管理办法》、《国家安全生产事故灾难应急预案》等法律、法规及规章的有关规定，我部制定了《农药使用安全事故应急预案》。现印发给你们，请遵照执行。

中华人民共和国农业部
二〇一二年三月十三日

1 总则
1.1 编制目的
有效预防、及时控制和最大限度地减轻农药使用安全事故的危害，确保应急处置工作高效、有序，保障农业生产安全、人民身体健康和生命安全，维护社会稳定。
1.2 编制依据
依据《中华人民共和国突发事件应对法》、《国家突发公共事件总体应急预案》、《农药管理条例》、《农药管理条例实施办法》、《农业部农业突发公共事件应急预案管理办法》、《国家安全生产事故灾难应急预案》等法律、法规及规章的有关规定，制定本预案。
1.3 适用范围
本预案适用于下列情形的农药使用安全事故的应急处置：

（1）使用农药造成的农作物药害事故；

（2）使用农药造成的水生生物、蜜蜂、蚕等有益生物死亡事故；

（3）在农药使用环节发生的人畜中毒事件。

1.4　工作原则

预防为主、科学处置；统一领导、分工协作；分级管理、条块结合；规范有序、快速高效。

2　应急组织指挥体系与职责

2.1　组织机构

农业部成立农药使用安全事故应急领导小组，负责全国范围内农药使用安全事故的应急处置工作。领导小组组长由农业部种植业管理司司长担任，副组长由农业部农药检定所所长、全国农业技术推广服务中心主任、农业部种植业管理司主管副司长担任，成员由农业部有关职能部门的工作人员组成。

农业部农药使用安全事故应急领导小组下设办公室，作为农药使用安全事故的工作机构。办公室设在农业部种植业管理司，办公室主任由农业部种植业管理司主管副司长担任，副主任由农业部农药检定所主管副所长、全国农业技术推广服务中心主管副主任担任。

地方各级农业行政主管部门成立应急领导机构及办事机构，负责本辖区农药使用安全事故的应急处置工作。

2.2　领导机构职责

（1）指导处置农药使用安全事故。

（2）确定农药使用安全事故应急控制级别，部署应急处置措施。

（3）向社会发布农药使用安全事故的信息或公告。

（4）确认处置结果，决定解除警情。

2.3　工作机构职责

（1）受理、收集、整理农药使用安全事故信息，向领导机构报告农药使用安全事故有关情况。

（2）组织专家对农药使用安全事故进行评估，提出启动农药使用安全事故应急处置的级别建议。

（3）组织开展事故技术鉴定，提出补救措施，查缴涉案农药产品。

（4）监督、检查农药使用安全事故应急处置工作。

（5）汇总农药使用安全事故处置结果，提出解除警情建议。

（6）对农药使用安全事故应急预案进行备案和管理。

（7）组织实施事故应急处置相关知识的宣传、培训和演练工作。

（8）领导机构交办的其他工作。

3 监测和预防

3.1 监测

各级农业行政主管部门应建立农药使用安全事故的预防预警监测机制。建立农药信息监测点，定期对农药产品质量、使用状况等进行调查分析。

3.2 应急准备措施

（1）建立完善农药监督抽查制度，及时公布农药质量状况信息。

（2）建立农药监管信息共享平台，强化信息交流。

（3）加强对农药生产、经营、使用者的培训，保障农药使用安全。

（4）对农药质量、使用状况等情况进行综合分析，提出防范农药使用安全事故措施。

4 应急处置

4.1 应急事件分级

根据人畜伤害、经济损失、受害面积、社会影响和控制难易程度，农药使用安全事故分为特别重大（Ⅰ级）、重大（Ⅱ级）、较大（Ⅲ级）、一般（Ⅳ级）四级。

4.1.1 Ⅰ级

出现下列情况之一的，为Ⅰ级使用安全事故：

（1）农作物药害面积在5万亩以上或者经济损失5000万元以上；

（2）家禽、水生生物、蜜蜂、蚕等有益生物经济损失5000万元以上；

（3）发生100人以上中毒或者5000头（只）以上牲畜中毒；

（4）其他需要认定为Ⅰ级农药使用安全事故的。

4.1.2 Ⅱ级

出现下列情况之一的，为Ⅱ级使用安全事故：

（1）农作物药害面积在 1 万亩以上或者经济损失 1000 万元以上；

（2）家禽、水生生物、蜜蜂、蚕等有益生物经济损失 1000 万元以上；

（3）发生 50 人以上、100 人以下中毒，或者 1000 头（只）以上、5000 头（只）以下牲畜中毒；

（4）其他需要认定为Ⅱ级农药使用安全事故的。

4.1.3　Ⅲ级

出现下列情况之一的，为Ⅲ级使用安全事故：

（1）农作物药害面积在 1000 亩以上或者经济损失 100 万元以上；

（2）家禽、水生生物、蜜蜂、蚕等有益生物经济损失 100 万元以上；

（3）发生 30 人以上、50 人以下中毒，或者 300 头（只）以上、1000 头（只）以下牲畜中毒；

（4）其他需要认定为Ⅲ级农药使用安全事故的。

4.1.4　Ⅳ级

出现下列情况之一的，为Ⅳ级使用安全事故：

（1）农作物药害面积在 200 亩以上或者经济损失 20 万元以上；

（2）家禽、水生生物、蜜蜂、蚕等有益生物经济损失 20 万元以上；

（3）发生 5 人以上、30 人以下中毒，或者 100 头（只）以上、300 头（只）以下牲畜中毒；

（4）其他需要认定为Ⅳ级农药使用安全事故的。

4.2　信息报告

农药使用安全事故发生后，事故发生地县级农业行政主管部门应立即向当地政府报告，同时上报上一级农业行政主管部门，并在初次报告后，密切跟踪事态发展，及时报告最新动态。特殊情况下允许越级报告。

特别重大、重大农药使用安全事故发生后，事故发生地省级农业行政主管部门应在 2 小时内向农业部农药使用安全事故应急领导小组办公室报告，同时抄报农业部办公厅；情况紧急时，可先通过电话等方式报告，随后补报书面报告。农业部农药使用安全事故应急领导小组办公室在 2 小时内通过《农业部值班信息》报告国务院。

4.3 先期处置

事故发生地县级农业行政主管部门应及时会同有关部门进行农药使用安全事故的调查，采取积极措施防止事态扩大，避免造成次生灾害，同时根据调查核实情况，提出事故等级建议。

4.4 分级响应

根据事故的等级，由相应农业行政主管部门启动应急响应。发生Ⅰ级使用安全事故，农业部农药使用安全事故应急领导小组启动全国应急响应；发生Ⅱ级使用安全事故，省级农业行政主管部门应急指挥领导机构启动省级应急响应；发生Ⅲ级使用安全事故，地（市）级农业行政主管部门应急指挥领导机构启动相应的应急响应；发生Ⅳ级使用安全事故，县级农业行政主管部门应急指挥领导机构启动相应的应急响应。

4.5 响应措施

（1）组织召开会商会，分析形势，研究落实应急措施。

（2）派出工作组赶赴事故发生地慰问受害群众，核查情况，指导开展处置工作。

（3）组织技术鉴定，分析事故原因，研究制定补救措施，最大限度减少损失。

4.6 指挥与协调

（1）上级农业行政主管部门应加强对下级农业行政主管部门应急处理农药使用安全事故的督导，根据需要组织有关专家协助应急处置，并及时向相关部门和区域通报情况。

（2）各级农业行政主管部门在启动本级预案时，由于能力和条件不足等特殊原因不能有效处置农药使用安全事故时，可请求上级农业行政主管部门启动相应级别的预案，或者向本级人民政府提出建议，由其协调相关部门开展应急处置工作。

4.7 信息发布

根据分级响应机制，相应农业行政主管部门要区分农药使用安全事故的不同情况，按照农药使用安全事故应急领导机构的统一部署，及时、客观、准确地发布信息。

4.8 应急结束

根据农药使用安全事故应急领导机构的决定，公布农药使用安全事故应急处置结束，解除警情。

5 后期处置

5.1 善后处置

（1）善后保障

农业行政主管部门应配合当地政府有关部门，保障本行政区域内因农药使用安全事故致病、致残人员得到及时、有效的救治，保障事发地区日常生活必需品的供给。

（2）减少损失

农业行政主管部门应组织农民积极恢复生产，最大限度减少损失。

5.2 评估总结

农业行政主管部门应当分析、评价农药使用安全事故产生的原因和造成的损失，总结经验教训，提出改进措施，并形成案例报告。

6 保障措施

6.1 资金保障

农药使用安全事故应急处置所需经费应纳入各级财政预算。

6.2 技术保障

部、省、市（地）级农业行政主管部门应建立、健全农药产品质量检测机构，承担农药应急处置农药产品质量的检测工作。

农业部和各省（区、市）农业行政主管部门应设立农药使用安全事故处置技术专家库，负责农药使用安全事故的技术支持。

6.3 信息保障

农业部建立农药监管网络信息平台，收集、分析和公布农药产品质量、农药使用安全事故等信息，实现信息共享。

6.4 人员保障

各级农业行政主管部门应当建立、健全农药使用安全事故应急处置队伍，负责应急处置相关工作。

7 监督管理

7.1 应急预案演练

各级农业行政主管部门应当有计划地开展农药使用安全事故应急

演练，提高应急处置能力。

7.2 宣传教育与培训

各级农业行政主管部门应当对农药使用安全事故应急处置人员以及辖区内有关人员进行农药使用安全事故救助知识的培训，充分利用广播、电视、报刊、互联网等多种媒体，广泛宣传农药安全使用及事故处置知识。

7.3 监督检查

Ⅰ级使用安全事故的处置情况，由农业部组织监督检查。Ⅱ级和Ⅲ级使用安全事故的处置情况，由省级农业行政主管部门组织监督检查。Ⅳ级使用安全事故的处置情况，由地（市）级农业行政主管部门或者事故发生地的县级人民政府组织监督检查。

7.4 奖惩

县级以上农业行政主管部门对农药使用安全事故应急处置过程中做出突出贡献的单位和个人，给予表彰。对失职、渎职的有关人员，依法追究责任。

8 附则

8.1 预案管理

预案要定期评估，并根据农药使用安全事故的形势变化和实施中发现的问题及时进行修订。

地方各级农业行政主管部门制定的农药使用安全事故应急预案应报上一级农业行政主管部门备案。

8.2 农产品质量安全事故

因农药残留超标引发的农产品质量安全事故的应急处置按照国家有关农产品质量安全应急规定办理。

8.3 预案实施时间

本预案自印发之日起施行。

农产品质量安全突发事件应急预案

（2014年1月14日中华人民共和国农业部修订）

1 总则

1.1 编制目的

建立健全应对农产品质量安全突发事件运行机制，有效预防、积极应对农产品质量安全突发事件，提高应急处置工作效率，最大限度地减少农产品质量安全突发事件的危害，保障公众健康、生命安全和产业健康发展，维护正常的社会经济秩序。

1.2 编制依据

根据《中华人民共和国突发事件应对法》、《中华人民共和国食品安全法》、《中华人民共和国农产品质量安全法》、《国家突发公共事件总体应急预案》、《国家食品安全事故应急预案》、《农业部农业突发公共事件应急预案管理办法》等法律、法规和预案，制定本预案。

1.3 事件分级

本预案所称农产品质量安全突发事件，是指因食用农产品而造成的人员健康损害或伤亡事件。按照《国家食品安全事故应急预案》的分级办法，农产品质量安全突发事件相应分为四级：即Ⅰ级、Ⅱ级、Ⅲ级、Ⅳ级。事件等级的评估核定，由县级以上农业行政主管部门会同有关部门依照有关规定进行。

1.4 适用范围

本预案适用于Ⅰ级农产品质量安全突发事件处置，指导全国农产品质量安全突发事件应对工作。

1.5 处置原则

在国务院的统一领导下，按照《国家食品安全事故应急预案》，各级农业行政主管部门在当地政府和上级农业行政主管部门领导和指导下，根据职责分工，依法开展工作。

（1）以人为本。把保障公众健康和生命安全作为应急处置的首要任务，最大限度减少农产品质量安全突发事件造成的健康损害和人员伤亡。

（2）统一领导。按照"统筹安排、协调配合、分级负责、属地管理"的农产品质量安全应急管理体制，建立快速反应、协同应对的农产品质量安全突发事件应急机制。

（3）科学评估。有效使用风险监测、风险评估和预测预警等科学手段；充分发挥专业队伍的作用，提高应对农产品质量安全突发事件的水平和能力。

（4）预防为主。坚持预防与应急相结合，常态与非常态相结合，做好应急准备，落实各项防范措施，防范于未然。建立健全日常管理制度，加强农产品质量安全风险监测、评估和预警；加强宣教培训，提高公众自我防范和应对农产品质量安全突发事件的意识和能力。

2　组织指挥体系与职责任务

农产品质量安全突发事件发生后，县级以上农业行政主管部门对事件进行分析评估，核定级别，开展处置。Ⅰ级事件发生后，根据要求和工作需要，农业部成立农产品质量安全突发事件应急处置指挥领导小组（以下简称"应急处置指挥领导小组"），统一领导和指挥事件应急处置工作。Ⅱ级、Ⅲ级、Ⅳ级事件发生后，省、市（地）、县级农业行政主管部门在地方政府领导下，成立相应应急处置指挥机构，统一组织开展应急处置。

2.1　应急处置指挥领导小组设置

全国性的农产品质量安全突发事件应急处置总指挥由农业部主管农产品质量安全监管工作的副部长担任，成员单位根据农产品质量安全突发事件的性质、范围、业务领域和应急处置工作的需要确定，包括：办公厅、人事劳动司、产业政策与法规司、农村经济体制与经营管理司、市场与经济信息司、发展计划司、财务司、国际合作司、科技教育司、种植业管理司、农业机械化管理司、畜牧业司、兽医局、农垦局、农产品加工局、渔业渔政管理局、农产品质量安全监管局、驻部监察局、农产品质量安全中心、绿色食品发展中心、科技发展中心等单位以及事件发生地省级农业行政主管部门。

全国性的农产品质量安全突发事件应急处置指挥领导小组办公室

设在农产品质量安全监管局，办公室主任由局长担任，成员由应急处置指挥领导小组成员单位主管领导或主管处（室）负责同志担任。

地方农业行政主管部门应急处置指挥领导小组和日常办事机构的设置，由县级以上农业行政主管部门确定。

2.2 应急处置指挥领导小组职责

在国家食品安全事故应急处置指挥部的统一领导下，负责Ⅰ级农产品质量安全突发事件的应急处置工作。主要是协助有关部门和地方政府采取措施，对农产品质量安全突发事件开展应急处置工作。

2.3 应急处置指挥领导小组办公室职责

应急处置指挥领导小组办公室承担应急处置指挥领导小组的日常工作，主要是负责贯彻落实应急处置指挥领导小组的各项部署，组织实施事件应急处置工作。

2.4 应急处置指挥领导小组成员单位职责

各成员单位在应急处置指挥领导小组统一领导下开展工作，加强对事件发生地人民政府有关部门工作的督促和指导。

2.5 应急处置工作小组组成和职责

农产品质量安全突发事件应急预案启动后，各工作小组及其成员应当根据预案规定的职责要求，服从应急处置指挥领导小组的统一指挥，立即按要求履行职责，及时组织实施应急处置措施，并随时将处理情况报告应急处置指挥领导小组办公室。

2.5.1 事件调查组

调查事件发生原因，做出调查结论，评估事件影响，提出事件防范意见。

2.5.2 事件处置组

组织协调当地政府职能部门实施应急处置工作，依法组织实施行政监督、行政处罚，监督封存、召回问题农产品，严格控制流通渠道，监督相应措施的落实，及时移送相关案件，依法追究责任人责任。

2.5.3 专家技术组

负责为事件处置提供技术支持，综合分析和评价研判，查找事件原因和评估事件发展趋势，预测事件后果及造成的危害，为制定现场处置方案提供参考。

3 预测预警和报告评估

3.1 预测预警

农业部建立农产品质量安全预测预警制度。农产品质量安全监管局负责农产品质量安全监测工作的综合协调、归口管理和监督检查，通过风险评估、风险监测，及时发现存在问题隐患，提出防控措施建议。

3.2 事件报告

农业部建立健全农产品质量安全突发事件报告制度，包括信息报告和通报，以及社会监督、舆论监督、信息采集和报送等。

3.2.1 责任报告单位和人员

（1）农产品种植、养殖、收购、贮藏、运输单位和个人。

（2）农产品质量安全风险评估、检验检测机构和科研院所。

（3）农产品质量安全突发事件发生单位。

（4）地方各级农业行政主管部门和相关机构。

（5）其他单位和个人。

任何单位和个人对农产品质量安全突发事件不得瞒报、迟报、谎报或者授意他人瞒报、迟报、谎报，不得阻碍他人报告。

3.2.2 报告程序

遵循自下而上逐级报告原则，紧急情况可以越级上报。鼓励其他单位和个人向农业行政主管部门报告农产品质量安全突发事件的发生情况。发生Ⅰ级、Ⅱ级农产品质量安全突发事件时，省级农业行政主管部门应当在2个小时内向农业部农产品质量安全监管局报告。

（1）农产品质量安全突发事件发生后，有关单位和个人应当采取控制措施，第一时间向所在地县级人民政府农业行政主管部门报告；收到报告的部门应当立即处理，报告同级人民政府和上级农业行政主管部门，同时通报同级食品安全监管和卫生行政主管部门。

（2）发生Ⅲ级事件时，市（地）级农业行政主管部门应当及时报告同级人民政府和省级农业行政主管部门，并同时通报同级食品安全监管和卫生行政主管部门。

（3）发生Ⅱ级及以上事件时，省级农业行政主管部门应当及时报告省级人民政府，2小时内报告农业部。

（4）农业部在接到Ⅱ级及以上事件报告后，由部应急处置指挥领导小组办公室（农产品质量安全监管局）及时通报办公厅和对口业务司局，按程序及时向部应急处置指挥领导小组报告，并及时通报国家食品安全事故应急处置指挥部。

3.2.3 报告要求

事件发生地农业行政主管部门应尽可能报告事件发生的时间、地点、单位、危害程度、伤亡人数、事件报告单位及报告时间、报告单位联系人员及联系方式、事件发生原因的初步判断、事件发生后采取的措施及事件控制情况等，如有可能应当报告事件的简要经过。

3.2.4 通报

农产品质量安全突发事件发生后，有关部门之间应当及时通报。

农业部接到Ⅰ级、Ⅱ级农产品质量安全突发事件报告后，应当及时与事件发生地农业行政主管部门沟通，并将有关情况按程序通报相关部门，上报国务院；有蔓延趋势的，还应向相关地区的农业行政主管部门通报，加强预警预防工作。

3.3 事件评估

农产品质量安全突发事件评估是为了核定农产品质量安全突发事件级别和确定应采取的措施。评估内容包括：事件农产品可能导致的健康危害及所涉及的范围，是否已造成健康损害后果及严重程度；事件的影响范围及严重程度；事件发展蔓延趋势等。

3.4 级别核定

事发地上一级农业行政主管部门应当及时会同事发地人民政府和相关部门，根据事件评估结果核定事件级别。

4 应急响应

4.1 分级响应

按照《国家食品安全事故应急预案》，农产品质量安全突发事件的应急响应分为四级。Ⅰ级响应，由农业部报国家食品安全事故应急处置指挥部同意后启动实施；Ⅱ级响应，由省级农业行政主管部门在省级人民政府的领导下，成立事件处置指挥机构统一指挥处置，农业部加强指导、协调和督促。Ⅲ级、Ⅳ级响应，分别由市（地）、县级农业行政主管部门在同级人民政府的领导下组织实施，上级农业行政主管部门加强指导。

4.2 指挥协调

（1）农业部应急处置指挥领导小组指挥协调农产品质量安全突发事件应急预案Ⅰ级响应；提出应急行动原则要求，协调指挥应急处置行动。

（2）农业部应急处置指挥领导小组办公室指挥协调相关司局向农业部应急处置指挥领导小组提出应急处置重大事项决策建议；派出有关专家和人员参加、指导现场应急处置指挥工作；协调、组织实施应急处置；及时向应急处置指挥领导小组报告应急处置行动的进展情况；指导对受威胁的周边危险源的监控工作，确定重点保护区域。

4.3 紧急处置

现场处置主要依靠事发地的应急处置力量。农产品质量安全突发事件发生后，事发责任单位和当地人民政府及相关部门应当按照应急预案迅速采取措施，控制事态发展。

4.4 响应终止

农产品质量安全突发事件隐患或相关危险因素消除后，突发事件应急处置即终止，应急处置队伍撤离现场。随即应急处置指挥领导小组办公室组织有关专家进行分析论证，经现场评价确认无危害和风险后，提出终止应急响应的建议，报应急处置指挥领导小组批准宣布应急响应结束。

5 后期处置

5.1 善后处置

各级农业行政主管部门在同级人民政府的领导下，负责组织农产品质量安全突发事件的善后处置工作，包括人员安置、补偿、征用物资补偿，污染物收集、清理与处理等事项。尽快消除事件影响，妥善安置和慰问受害和受影响人员，恢复正常秩序，保证社会稳定。

5.2 总结报告

Ⅰ级、Ⅱ级农产品质量安全突发事件善后处置工作结束后，省级农业行政主管部门应当及时总结分析应急处置过程，提出改进应急处置工作的建议，完成应急处置总结报告，报送农业部应急处置指挥领导小组办公室。

6 应急保障

6.1 信息保障

农业部建立农产品质量安全突发事件信息报告系统，由农业部应急处置指挥领导小组办公室委托农业部农产品质量安全中心负责农产品质量安全突发事件信息的收集、处理、分析和传递等工作。

6.2 技术保障

农产品质量安全突发事件的技术鉴定工作必须由有资质的专业技术机构承担。

6.3 物资保障

农产品质量安全突发事件应急处置所需设施、设备、物资和资金，由同级人民政府财政解决。

7 监督管理

7.1 奖励与责任

对在农产品质量安全突发事件应急处置工作中有突出贡献或者成绩显著的单位、个人，给予表彰和奖励。对农产品质量安全突发事件应急处置工作中有失职、渎职行为的单位或工作人员，根据情节，由其所在单位或上级机关给予处分；构成犯罪的，依法移送司法部门追究刑事责任。

7.2 宣教培训

各级农业行政主管部门应当加强对农产品生产经营者和广大消费者的农产品质量安全知识培训，提高风险防范意识。

农产品质量安全突发事件应急处置培训工作采取分级负责的原则，由各级农业行政主管部门按年度组织实施。

8 附则

8.1 预案管理与更新

与农产品质量安全突发事件处置有关的法律法规和职能职责及相关内容作出调整时，要结合实际及时修订与完善本预案。

地方农业行政主管部门可以参照本预案，制订地方农产品质量安全突发事件应急预案。地方农产品质量安全突发事件应急预案对农产品质量安全突发事件的分级应当与本预案相协调一致。

8.2　演习演练

县级以上农业行政主管部门应当定期组织开展农产品质量安全突发事件应急演习演练，检验和强化应急准备和应急响应能力，并通过演习演练，不断完善应急预案。

8.3　预案解释和实施

本预案由农业部负责解释，自印发之日起施行。

卫生部突发中毒事件卫生应急预案

卫生部关于印发《卫生部突发中毒事件卫生应急预案》的通知

各省、自治区、直辖市卫生厅局，新疆生产建设兵团卫生局，中国疾病预防控制中心：

为进一步做好突发中毒事件卫生应急工作，我部组织制定了《卫生部突发中毒事件卫生应急预案》。现印发给你们，请认真组织实施。

二〇一一年五月十二日

1 总则

1.1 编制目的

有效控制突发中毒事件及其危害，指导和规范突发中毒事件的卫生应急工作，最大限度地减少突发中毒事件对公众健康造成的危害，保障公众健康与生命安全，维护社会稳定。

1.2 编制依据

《中华人民共和国突发事件应对法》、《中华人民共和国食品安全法》、《突发公共卫生事件应急条例》、《危险化学品安全管理条例》、《中华人民共和国食品安全法实施条例》、《国家突发公共卫生事件应急预案》、《国家突发公共事件医疗卫生救援应急预案》等法律、法规和预案。

1.3 适用范围

各类突发中毒事件的卫生应急工作。致病微生物引起的感染性和传染性疾病按相关预案处置。

1.4 工作原则

以人为本，有效处置；统一领导，分工协作；信息共享，快速响应；加强管理，强化保障。

1.5 事件分级

根据突发中毒事件危害程度和涉及范围等因素，将突发中毒事件分为特别重大（I级）、重大（Ⅱ级）、较大（Ⅲ级）和一般（Ⅳ级）突发中毒事件四级。食物中毒及急性职业中毒事件按照《国家突发公共卫生事件应急预案》的分级标准执行。

1.5.1 特别重大突发中毒事件（I级）

有下列情形之一的为特别重大突发中毒事件：

（1）一起突发中毒事件，中毒人数在100人及以上且死亡10人及以上；或死亡30人及以上。

（2）在一个县（市）级行政区域24小时内出现2起及以上可能存在联系的同类中毒事件时，累计中毒人数100人及以上且死亡10人及以上；或累计死亡30人及以上。

（3）全国2个及以上省（自治区、直辖市）发生同类重大突发中毒事件（Ⅱ级），并有证据表明这些事件原因存在明确联系。

（4）国务院及其卫生行政部门认定的其他情形。

1.5.2 重大突发中毒事件（Ⅱ级）

有下列情形之一的为重大突发中毒事件：

（1）一起突发中毒事件暴露人数2000人及以上。

（2）一起突发中毒事件，中毒人数在100人及以上且死亡2-9人；或死亡10-29人。

（3）在一个县（市）级行政区域24小时内出现2起及以上可能存在联系的同类中毒事件时，累计中毒人数100人及以上且死亡2-9人；或累计死亡10-29人。

（4）全省2个及以上市（地）级区域内发生同类较大突发中毒事件（Ⅲ级），并有证据表明这些事件原因存在明确联系。

（5）省级及以上人民政府及其卫生行政部门认定的其他情形。

1.5.3 较大突发中毒事件（Ⅲ级）

有下列情形之一的为较大突发中毒事件：

（1）一起突发中毒事件暴露人数1000-1999人。

（2）一起突发中毒事件，中毒人数在100人及以上且死亡1人；或死亡3-9人。

（3）在一个县（市）级行政区域24小时内出现2起及以上可能存在联系的同类中毒事件时，累计中毒人数100人及以上且死亡1人；

或累计死亡 3-9 人。

（4）全市（地）2 个及以上县（市）、区发生同类一般突发中毒事件（Ⅳ级），并有证据表明这些事件原因存在明确联系。

（5）市（地）级及以上人民政府及其卫生行政部门认定的其他情形。

1.5.4 一般突发中毒事件（Ⅳ级）

有下列情形之一的为一般突发中毒事件：

（1）一起突发中毒事件暴露人数在 50-999 人。

（2）一起突发中毒事件，中毒人数在 10 人及以上且无人员死亡；或死亡 1-2 人。

（3）在一个县（市）级行政区域 24 小时内出现 2 起及以上可能存在联系的同类中毒事件时，累计中毒人数 10 人及以上且无人员死亡；或死亡 1-2 人。

（4）县（市）级及以上人民政府及其卫生行政部门认定的其他情形。

2 组织体系及职责

2.1 卫生行政部门

在国务院统一领导下，国务院卫生行政部门负责组织、协调全国突发中毒事件的卫生应急工作，负责统一指挥、协调特别重大突发中毒事件的卫生应急处置工作。卫生部卫生应急办公室负责突发中毒事件卫生应急的日常管理工作。

各级地方卫生行政部门在本级人民政府领导下，负责组织、协调本行政区域内突发中毒事件的卫生应急工作；配合相关部门，做好安全生产或环境污染等突发事件中，涉及群体中毒的卫生应急工作。按照分级处置的原则，省级、地市级、县级卫生行政部门分别负责统一指挥、协调重大、较大和一般级别的突发中毒事件的卫生应急工作。

2.2 医疗卫生机构

各级各类医疗卫生机构是突发中毒事件卫生应急的专业技术机构，结合各自职责做好应对突发中毒事件的各种准备工作，加强专业技术人员能力培训，提高快速应对能力和技术水平。发生突发中毒事件后，在本级人民政府卫生行政部门领导下，开展卫生应急处理工作。

2.2.1 化学中毒救治基地及指定救治机构

国务院卫生行政部门及地方各级政府卫生行政部门应当确立本级化学中毒救治基地或指定救治机构，作为承担突发中毒事件卫生应急工作的主要医疗机构。化学中毒救治基地及指定救治机构应做好以下工作。

（1）国家级化学中毒救治基地要根据需要承担特别重大级别的突发中毒事件现场卫生应急工作和中毒病人救治工作，以及指导和支持地方救治基地卫生应急工作；全面掌握突发中毒事件卫生应急处置技术，开展中毒检测、诊断和救治技术的研究；协助卫生部制订突发中毒事件卫生应急相关技术方案；负责全国突发中毒事件的毒物检测、救治技术培训和指导，以及开展全国化学中毒信息咨询服务工作。

（2）省级化学中毒救治基地开展辖区内突发中毒事件现场医学处理工作；负责辖区内的突发中毒事件的救治技术指导和培训；开展中毒检测、诊断和临床救治工作，以及中毒信息咨询工作等。

（3）市（地）级化学中毒救治基地或指定救治机构，负责辖区内突发中毒事件的现场处理和临床诊治技术指导；面向辖区提供中毒信息服务；承担本辖区内中毒事件现场医学处理工作。

（4）县（市）级化学中毒救治基地或指定救治机构，负责辖区内突发中毒事件的现场处理和临床诊治技术指导；面向辖区提供中毒信息服务；承担本辖区内中毒事件现场医学处理工作。

2.2.2 相关医疗机构

（1）开展突发中毒事件和中毒病例报告工作。

（2）开展中毒病人的现场医疗救治、转运、院内诊疗工作。

（3）向当地人民政府卫生行政部门报告中毒病人转归情况。

（4）协助疾病预防控制机构开展中毒病人的流行病学调查，并采集有关生物样本。

2.2.3 疾病预防控制机构

（1）开展突发中毒事件的监测、报告和分析工作。

（2）开展突发中毒事件的现场调查和处理，提出有针对性的现场预防控制措施建议。

（3）开展突发中毒事件的现场快速鉴定和检测，按照有关技术规范采集样本，开展中毒事件样本的实验室鉴定、检验和检测工作。

（4）开展突发中毒事件暴露人群的健康监护工作。

（5）开展突发中毒事件的健康影响评价工作。

2.2.4　卫生监督机构

（1）在卫生行政部门领导下，协助对参与突发中毒事件处置的医疗卫生机构有关卫生应急措施的落实情况开展督导、检查。

（2）协助卫生行政部门依据有关法律法规，调查处理突发中毒事件卫生应急工作中的违法行为。

（3）根据"三定"规定明确的职责，对突发中毒事件肇事单位和责任单位进行卫生执法监督。

2.3　专家组

各级卫生行政部门设立突发中毒事件专家组，其主要职责：

对突发中毒事件应急准备提出咨询建议，参与制订、修订突发中毒事件相关预案和技术方案。

对确定突发中毒事件预警和事件分级及采取相应的重要措施提出建议，对突发中毒事件应急处理进行技术指导，对突发中毒事件应急响应的终止、后期评估提出咨询意见。

承担突发中毒事件应急指挥机构和日常管理机构交办的其他工作。

2.4　卫生应急专业队伍

各级卫生行政部门成立突发中毒事件卫生应急专业队伍，配备必要处置和保障装备，定期组织专业培训、演习和演练。

接受本级卫生行政部门调用，参与突发中毒事件应急处理工作。

3　监测、报告与风险评估

3.1　监测

各级卫生行政部门指定医疗卫生机构开展突发中毒事件的监测工作，建立并不断完善中毒实时监测分析系统，组织辖区医疗卫生机构开展突发中毒事件涉及的中毒病人相关信息的收集、整理、分析和报告等工作；组织开展针对特定中毒或人群的强化监测工作；组织同级中毒救治基地（或指定救治机构）和疾病预防控制机构开展毒物、突发中毒事件及其中毒病例的实时监测和数据分析工作。

3.2 报告

突发中毒事件的责任报告单位、责任报告人、报告时限和程序、网络直报均按照《国家突发公共卫生事件应急预案》执行。

突发中毒事件报告分为首次报告、进程报告和结案报告，应当根据事件的严重程度、事态发展和控制情况及时报告事件进程。

首次报告内容包括突发中毒事件的初步信息，应当说明信息来源、危害源、危害范围及程度、事件性质和人群健康影响的初步判定等，也要报告已经采取和准备采取的控制措施等内容。

进程报告内容包括事件危害进展、新的证据、采取的措施、控制效果、对事件危害的预测、计划采取的措施和需要帮助的建议等。进程报告在事件发生的初期每天报告，对事件的重大进展、采取的重要措施等重要内容应当随时口头及书面报告。重大及特别重大的突发中毒事件至少每日进行进程报告。

结案报告内容包括事件发生原因、毒物种类和数量、波及范围、接触人群、接触方式、中毒人员情况、现场处理措施及效果、医院内处理情况等，还要对事件原因和应急响应进行总结，提出建议。结案报告应当在应急响应终止后 7 日内呈交。

3.3 风险评估

县级及以上人民政府卫生行政部门应当组织专家，开展毒物及突发中毒事件对公众健康危害的风险评估，为政府相关部门开展中毒预警和制定防控对策提供参考。发生突发中毒事件或发现可能造成突发中毒事件的因素后，根据有毒物质种类、数量、状态、波及范围、接触人群以及人群中毒症状等，及时开展动态评估，提出预防和控制建议。

4 信息通报

各级卫生行政部门在处理突发中毒事件过程中，及时向环境保护、安全生产监督管理、公安等相关部门通报卫生应急处理情况；并及时获取其他相关部门处理突发中毒事件涉及的相关信息，以便及时掌握相关突发事件涉及的中毒卫生应急工作情况。

5 应急响应

5.1 应急响应原则

发生突发中毒事件时，各级卫生行政部门在本级人民政府领导下和上一级卫生行政部门技术指导下，按照属地管理、分级响应的原则，迅速成立中毒卫生应急救援现场指挥机构，组织专家制定相关医学处置方案，积极开展卫生应急工作。

5.2 分级响应

Ⅰ级响应：达到特别重大突发中毒事件后，国务院卫生行政部门立即启动Ⅰ级应急响应，迅速开展卫生应急工作，并将应急工作情况及时报国务院。省级卫生行政部门在本级政府领导和国务院卫生行政部门指导下，立即组织协调市（地）、县（市）级卫生行政部门开展卫生应急处理工作。

Ⅱ级响应：达到重大突发中毒事件后，省级人民政府卫生行政部门立即启动Ⅱ级应急响应，迅速开展卫生应急工作，并将应急工作情况及时报本级人民政府和国务院卫生行政部门。国务院卫生行政部门应当加强技术支持和协调工作，根据需要组织国家卫生应急救治队伍和有关专家迅速赶赴现场，协助开展卫生应急处理工作。

Ⅲ级响应：达到较大突发中毒事件后，市（地）级人民政府卫生行政部门立即启动Ⅲ级应急响应，迅速开展卫生应急工作，并将应急工作情况及时报本级人民政府和上一级卫生行政部门。省级卫生行政部门应当及时组织专家对卫生应急处理工作提供技术指导和支持。国务院卫生行政部门根据工作需要及时提供技术支持和指导。

Ⅳ级响应：达到一般突发中毒事件后，县（市）级人民政府卫生行政部门立即启动Ⅳ级应急响应，迅速开展卫生应急工作，并将应急工作情况及时报本级人民政府和上一级卫生行政部门。市（地）级卫生行政部门应当及时组织专家对卫生应急处理工作进行技术指导。省级卫生行政部门应当根据工作需要提供技术支持。

5.3 响应措施

5.3.1 组织协调

各级人民政府卫生行政部门在本级人民政府或其成立的突发事件应急指挥部统一领导，上一级人民政府卫生行政部门业务指导下，调集卫生应急专业队伍和相关资源，开展突发中毒事件卫生应急救援工作。

5.3.2 现场处置

具备有效防护能力、现场处置知识和技能的医疗卫生应急人员承担突发中毒事件卫生应急现场处置工作，并详细记录现场处置相关内容，按流程转运病人并做好交接工作。

5.3.2.1 脱离接触

卫生部门积极配合公安、安全生产监督管理、环境保护等部门控制危害源，搜救中毒人员，封锁危险区域以及封存相关物品，防止人员继续接触有毒物质。

5.3.2.2 现场医疗救援区域设置

存在毒物扩散趋势的毒物危害事件现场，一般分为热区（红线内）、温区（黄线与红线间）和冷区（绿线与黄线间）。医疗救援区域设立在冷区，并可结合现场救援工作需要，在医疗救援区域内设立洗消区、检伤区、观察区、抢救区、转运区、指挥区、尸体停放区等功能分区。

5.3.2.3 样本采集和毒物快速检测

现场调查人员在了解事件发生过程和发生地情况后尽早进行样本采集工作。采集样本时应当注意根据毒物性质和事件危害特征采集具有代表性的样本，选择合适的采样工具和保存、转运容器，防止污染，采集的样本数量应当满足多次重复检测。

在有条件时，现场调查人员应当尽早开展现场应急毒物检测，以便根据毒物检测结果指导开展现场处置工作。

5.3.2.4 现场洗消

在温区与冷区交界处设立现场洗消点，医疗卫生救援人员协助消防部门对重伤员进行洗消，同时注意染毒衣物和染毒贵重物品的处理。

5.3.2.5 现场检伤及医疗救援

现场检伤区设立在现场洗消区附近的冷区内，医疗卫生救援队伍负责对暴露人员进行现场检伤。参照通用检伤原则以及毒物对人体健康危害特点，将中毒病人及暴露人员分为优先处置、次优先处置、延后处置和暂不处置四类，分别用红、黄、绿、黑四种颜色表示。标红色为必须紧急处理的危重症病人，优先处置；标黄色为可稍后处理的重症病人，次优先处置；标绿色为轻症病人或尚未确诊的暴露人员，可延后进行处置；标黑色为死亡人员，暂不处置。红标者应当立即送抢救区急救，黄标者和绿标者在观察区进行医学处理，黑标者送尸体停放区。

现场医疗救援工作由卫生行政部门指挥和调度。中毒病人和暴露人员经现场医学处理且病情相对平稳后，转运至指定的医疗机构等。现场医学处理人员要记录相关病人和暴露人员的现场医学处理措施，与转运病人的医务人员做好交接工作，并定期向卫生行政部门汇报相关信息。

5.3.2.6　病人转运

卫生行政部门要指定医疗机构接收救治病人，做到统一调度，合理分流。

转运过程中，医护人员必须密切观察中毒病人病情变化，确保治疗持续进行，并随时采取相应急救措施。负责转运的医护人员与接收病人的医疗机构要做好病人交接，并及时向卫生行政部门报告转运及交接情况。

5.3.2.7　病人救治

卫生行政部门根据需要组织制定突发中毒事件的诊疗方案，并组织开展指导检查工作。

接收病人的医疗机构，做好病人的接收、救治和医学观察工作，并及时向卫生行政部门报告相关信息。根据毒物特点及病人情况，必要时对病人进行二次洗消。

5.3.2.8　医疗卫生救援人员的防护

进入现场参与医疗卫生救援的人员，要了解各类防护装备的性能和局限性，根据毒物种类及危害水平选择适宜的个体防护装备，在没有适当个体防护的情况下不得进入现场工作。

5.3.2.9　公众健康防护和宣传教育

各级卫生行政部门根据突发中毒事件特点和卫生防护要求，向当地政府及有关部门提出公众健康防护措施建议，开展中毒自救、互救及其卫生防病知识等公众健康影响的宣传教育工作。

公众健康防护措施的建议主要包括：（1）发生有毒气体泄漏事件后，根据当地气象条件和地理位置特点，暴露区域群众应当转移到上风方向或侧上风方向的安全区域，必要时应当配备逃生防毒面具。（2）发生毒物污染水源、土壤和食物等中毒事件后，应当立即标记和封锁污染区域，及时控制污染源，切断并避免公众接触有毒物质。

5.3.2.10 心理援助

发生中毒事件后，各级卫生行政部门在同级人民政府领导下，配合相关部门和团体，开展心理援助工作。根据需要组织有关专业人员开展心理疏导和心理危机干预工作。

5.4 应急响应的终止

各级卫生行政部门要适时组织专家对是否终止突发中毒事件卫生应急响应进行评估，并根据专家组的建议及时决定终止卫生应急响应。

突发中毒事件卫生应急响应的终止必须同时符合以下条件：突发中毒事件危害源和相关危险因素得到有效控制，无同源性新发中毒病例出现，多数中毒病人病情得到基本控制。

5.5 应急响应工作评估

突发中毒事件卫生应急响应结束后，承担应急响应工作的卫生行政部门应当组织有关人员对突发中毒事件卫生应急工作进行评估，及时总结卫生应急工作中的经验、教训。评估报告上报本级人民政府和上一级卫生行政部门。

5.6 非事件发生地区卫生应急措施

可能受到突发中毒事件影响地区的卫生行政部门，应当根据突发中毒事件的性质、特点、发展趋势等情况，分析本地区受波及的可能性和程度，重点做好以下工作：

（1）密切关注事件进展，及时获取相关信息。

（2）加强重点环节的人群健康监测，提出安全防护建议。

（3）组织做好本行政区域的卫生应急处理所需的人员与物资准备。

（4）有针对性地开展中毒预防控制知识宣传教育，提高公众自我保护意识和能力。

6 保障措施

各级卫生行政部门按照《国家突发公共卫生事件应急预案》、《国家突发公共事件医疗卫生救援应急预案》要求，做好突发中毒事件卫生应急的体系、技术、队伍、资金及血液供应等保障，开展培训演练和公众健康教育等工作。

地方各级卫生行政部门根据相关预案和规范的要求，结合本地区实际，组织专家提出本级基本解毒药品及其他急救药品、器械（包括洗消等)、基本防护用品储备，以及基本现场检测设备和仪器配备的建议，并协调配合有关部门予以落实。

各级卫生行政部门与安全生产监督管理、环境保护等相关部门积极协调，做好突发公共事件涉及的中毒事件卫生救援工作；与工业和信息化等部门配合，协助其做好解毒药品及其他急救药品、医疗设备和器械、防护用品的生产、储备、调用等卫生应急保障工作。

县级以上各级人民政府、卫生行政部门及有关单位，为参加突发中毒事件应急处理的医疗卫生人员购买人身意外伤害保险，给予适当补助和保健津贴。

7　预案的制定与更新

本预案由卫生部制定并发布。

根据突发中毒事件的形势变化和实施中发现的问题，卫生部对本预案更新、修订和补充。

8　附则

8.1　名词术语

毒物：在一定条件下（接触方式、接触途径、进入体内数量），影响机体代谢过程，引起机体暂时或永久的器质性或功能性异常状态的外来物质。

中毒：机体受毒物作用出现的疾病状态。

突发中毒事件：在短时间内，毒物通过一定方式作用于特定人群造成的群发性健康影响事件。

同类事件：指事件的发生、发展过程及病人的临床表现相似的事件。

暴露者：发生突发中毒事件时，在一定时间内，处于毒物扩散区域范围内，并可能受到毒物危害或影响的人员。包括在事件发生初期，难以判定是否有明确的毒物接触史、是否有不适症状和异常体征的人员。

暴露人数：指一起突发中毒事件中暴露者数量的总和。

8.2　预案实施时间

本预案自印发之日起实施。

人口和计划生育突发事件总体应急预案

国家人口计生委关于印发《人口和计划生育
突发事件总体应急预案》的通知

委机关各单位，各直属、联系单位：

《人口和计划生育突发事件总体预案》已经 2008 年 4 月
25 日国家人口计生委第一次委务会议研究通过。现印发你单
位，请遵照执行。

二〇〇八年六月四日

1 总则

1.1 编制目的

规范人口和计划生育突发事件应对活动，提高处置突发事件的能
力，有效预防、及时控制和减少人口和计划生育系统突发事件及其造
成的损害，确保人口和计划生育工作顺利进行和健康发展，保障人民
群众合法权益，保障依法行政人员安全，维护社会稳定，促进人口与
经济社会全面、协调、可持续发展。

1.2 编制依据

依据《突发公共事件应对法》、《国家突发公共事件总体应急预
案》等有关法律法规及相关规定，制定本预案。

1.3 事件分类分级

1.3.1 事件分类

本预案所称突发事件是指突然发生，造成或者可能造成重大人员伤
亡、财产损失和严重社会危害，危及人口和计划生育工作正常开展的紧
急事件。根据突发事件的发生过程、性质和机理，主要分为以下五类：

（1）突发重大事件。主要包括危及人口和计划生育工作正常开展
的集体性事件、严重扰乱社会治安事件、刑事犯罪案件等。

（2）重大信访案件。主要包括性质严重的群体上访、危及上访人

员或信访工作人员人身财产安全等事件。

（3）失泄漏国家秘密事件。主要包括人口和计划生育工作中发生的失泄漏国家秘密事件。

（4）自然灾害及事故灾难。主要包括给人口和计划生育工作带来严重损失的自然灾害、事故灾难等。

（5）人口和计划生育工作中发生的其他紧急突发事件。

1.3.2　事件分级

根据突发事件性质、严重程度、影响范围等因素，分为特别重大（Ⅰ级）、重大（Ⅱ级）、较大（Ⅲ级）、一般（Ⅳ级）四级。人口和计划生育各专项突发事件应急预案，应按照上述标准明确各级突发事件的内涵。

1.4　适用范围

本预案适用于人口和计划生育系统发生的突发事件的应对工作。

1.5　工作原则

（1）以人为本，减少危害。切实履行政府的社会管理和公共服务职能，把维护人口和计划生育工作的正常开展，保障公民合法权益，维护社会稳定作为首要任务，最大程度地减少突发事件及其造成的人员伤亡和危害。

（2）居安思危，预防为主。高度重视人口和计划生育系统公共安全工作，常抓不懈，防患于未然。增强忧患意识，坚持预防与应急相结合，常态与非常态相结合，做好应对突发事件的各项准备工作。

（3）属地管理，分级负责。在国家人口计生委的指导下，建立健全分类管理、分级负责，条块结合、属地管理为主的应急管理体制，各级人口和计划生育部门实行行政领导责任制，在地方党委、政府的领导下，充分发挥应急管理机构的作用。

（4）依法规范，加强管理。依据有关法律和行政法规，加强应急管理，维护公众的合法权益，使应对突发事件的工作规范化、制度化。

（5）快速反应，协同应对。加强以属地管理为主的应急处置队伍建设，建立联动协调制度，充分动员和发挥人口和计划生育部门、基层人口和计划生育干部以及计划生育协会等群众团体的作用，依靠公众力量，形成统一指挥、反应灵敏、功能齐全、协调有序、运转高效的应急管理机制。同时做好相关社会舆论的引导工作。

1.6 应急预案体系

人口和计划生育突发事件应急预案体系包括：

（1）突发事件总体应急预案。总体应急预案是全国人口和计划生育系统应急预案体系的总纲，由国家人口计生委制定，是指导人口和计划生育系统应对突发事件的规范。

（2）专项突发事件应急预案。国家人口计生委及其有关部门，按照分类管理的原则，为应对某一类型或某几种类型的突发事件而制定的专项应急预案。

（3）突发事件地方应急预案。地方各级人口和计划生育部门为应对本地区人口和计划生育突发事件，按照分级负责的原则，在同级政府指导下制定的应急预案，包括地方人口和计划生育突发事件总体预案和结合本地实际，制定的相关专项应急预案。

各类预案将根据实际情况变化不断修订、完善。

2 组织体系

2.1 领导机构

在国家人口计生委主任的领导下，由国家人口计生委应急管理领导小组和相关专项突发事件应急指挥机构指导处理突发事件的应急管理工作。必要时，派出工作组指导地方有关应急管理工作。

2.2 办事机构

国家人口计生委应急管理办公室是突发事件应急管理的办事机构，设在办公厅，履行值守应急、信息汇总和综合协调职责，发挥运转枢纽作用。

国家人口计生委各有关部门依据有关法律法规和各自职责，具体负责专项突发事件应急预案的起草与实施，并贯彻落实应急指挥机构的各项决定事项。

2.3 地方机构

地方各级人口和计划生育部门应急指挥机构在当地党委、政府领导下，负责本区域各类人口和计划生育突发事件的应急管理工作。

2.4 专家组

国家人口计生委和地方各级人口和计划生育部门应急管理机构，

可以根据实际需要聘请法律、人口、医疗卫生、行政管理、新闻宣传等领域有关专家组成专家组，为应急管理提供决策建议和技术咨询，必要时参加突发事件的应急处置工作。

3 运行机制

3.1 预警

各级人口和计划生育部门须针对各种可能发生的突发事件，完善预测预警机制，建立健全信息网络，开展研判分析和相关调研，及时发现和掌握苗头性问题，做到早发现、早报告、早处置，防止事态扩大和矛盾激化。根据预测分析结果，对可能发生和可以预警的突发事件进行预警。

3.2 应急启动

3.2.1 信息报告

突发事件发生后，各级人口和计划生育部门须立即报告，同时通报有关地区和部门。特别重大（Ⅰ级）或者重大（Ⅱ级）突发事件发生后，应当在 12 小时内报告至国家人口计生委值班室。

3.2.2 先期处置

突发事件发生后，事件发生地的省级人口和计划生育部门在报告事件信息的同时，须根据职责和规定权限启动相关专项应急预案，及时、有效地进行处置，控制事态。

3.2.3 应急响应

对于先期处置未能有效控制事态的特别重大（Ⅰ级）或者重大（Ⅱ级）的突发事件，须及时启动相关专项应急预案，由国家人口计生委应急领导小组或专项应急指挥机构指导有关地区人口和计划生育部门开展处置工作。现场应急指挥机构负责现场的应急处置工作。

3.3 应急处置

3.3.1 信息报告

国家人口计生委值班室接到特别重大（Ⅰ级）或者重大（Ⅱ级）突发事件报告后，须立即按程序向分管委副主任和委主任报告。对可能危及公共安全的突发事件，经办公厅主任核报委主任批准，向国务院办公厅值班室报告。应急处置过程中，须及时续报有关情况。

3.3.2 启动预案

国家人口计生委应急管理办公室根据事件分类，于获悉突发事件报告后立即启动相应专项应急预案。特别重大（Ⅰ级）突发事件应急处置由委主任亲自牵头。重大（Ⅱ级）突发事件处置由分管委副主任牵头。

3.3.3 处置措施

在国家人口计生委应急管理领导小组和专项突发事件应急指挥机构的领导下，国家人口计生委各部门、各直属联系单位各司其职，互相配合，共同做好处理工作。

办公厅主要负责组织协调有关部门参与事件的指导处理工作。密切关注事态的进展及处置情况，及时上报委领导、国务院办公厅值班室；将国务院领导及委领导的重要批示及时传达到地方，并督促落实。

政策法规司、发展规划司、科学技术司、财务司、人事司、驻委纪检组监察局等部门主要负责组织调查了解突发事件起因，提出处理建议及应对措施；履行委应急指挥机构的相应职责，对地方人口和计划生育部门的应急处置工作提供指导。

宣传教育司、国际合作司等相关部门须积极与事件发生地进行联系沟通，与中宣部、国务院新闻办等部门协商，及时形成对境内外媒体的宣传口径，并根据国家人口计生委应急指挥机构的统一部署，适时以接受采访、新闻发布会等方式进行信息发布。必要时可在事件发生的第一时间向社会发布简要信息，并根据事件处置情况做好后续相关信息的发布工作。

直属机关党委须做好委机关及各直属单位干部职工的思想政治工作，确保内部稳定。

各直属、联系单位须在国家人口计生委应急指挥机构的领导下，积极参与突发事件的应急处理工作。

3.4 应急终止

应急反应终止须满足以下条件：影响事件发生地人口和计划生育工作正常开展的危险因素基本消除；一定时间内没有出现事件反复。满足以上条件后，由国家人口计生委应急管理办公室提出应急反应终止建议，经委应急指挥机构研究同意后，应急反应终止。

3.5 善后处理

3.5.1 调查与评估

事件得到妥善处理后，须对突发事件的起因、性质、影响、责任、经验教训和恢复重建等问题进行调查评估，查找工作中存在的不足，提出整改措施。重大（Ⅱ级）以上突发事件，由国家人口计生委专项突发事件应急指挥机构提交终结报告。必要时，经国家人口计生委应急管理领导小组批准，向国务院上报事件处理情况。

3.5.2 善后处置

应急反应终止后，各部门须积极稳妥、深入细致地做好善后工作。对突发事件中的伤亡人员、应急处置工作人员，以及紧急调集、征用有关单位及个人的物资，应按照规定给予抚恤、补助或补偿。

4 应急保障

在处置突发事件的过程中，各单位必须坚决服从国家人口计生委应急管理领导小组和相关专项应急指挥机构的领导，调动一切可以调动的力量，积极参加应急处理工作。认真做好突发事件应急车辆、通讯、技术和设备有关准备工作，确保车辆供应和联络畅通。

5 责任与奖惩

突发事件应急处置工作实行责任追究制。

对在突发事件应急处理工作中做出突出贡献的先进集体和个人要给予表彰和奖励。

对迟报、谎报、瞒报和漏报突发事件重要情况或者应急处理工作中有其他失职、渎职行为的，依法对有关责任人给予行政处分；构成犯罪的，依法追究刑事责任。

6 附则

6.1 预案管理

本预案将根据实际情况的变化，及时予以修订。

国家人口计生委相关部门根据本预案的规定和实际需要，制定相应专项突发事件应急预案。

地方人口和计划生育部门根据本地实际，在本地同级政府领导下制定地方人口和计划生育突发事件应急预案。

6.2 预案实施时间

本预案自发布之日起实施。

国家处置电网大面积停电事件应急预案

国务院办公厅关于印发国家大面积

停电事件应急预案的通知

国办函〔2015〕134号

各省、自治区、直辖市人民政府,国务院各部委、各直属机构:

经国务院同意,现将《国家大面积停电事件应急预案》印发给你们,请认真组织实施。2005年5月24日经国务院批准、由国务院办公厅印发的《国家处置电网大面积停电事件应急预案》同时废止。

国务院办公厅

2015年11月13日

1 总则

1.1 编制目的

建立健全大面积停电事件应对工作机制,提高应对效率,最大程度减少人员伤亡和财产损失,维护国家安全和社会稳定。

1.2 编制依据

依据《中华人民共和国突发事件应对法》、《中华人民共和国安全生产法》、《中华人民共和国电力法》、《生产安全事故报告和调查处理条例》、《电力安全事故应急处置和调查处理条例》、《电网调度管理条例》、《国家突发公共事件总体应急预案》及相关法律法规等,制定本预案。

1.3 适用范围

本预案适用于我国境内发生的大面积停电事件应对工作。

大面积停电事件是指由于自然灾害、电力安全事故和外力破坏等原因造成区域性电网、省级电网或城市电网大量减供负荷,对国家安全、社会稳定以及人民群众生产生活造成影响和威胁的停电事件。

1.4 工作原则

大面积停电事件应对工作坚持统一领导、综合协调，属地为主、分工负责，保障民生、维护安全，全社会共同参与的原则。大面积停电事件发生后，地方人民政府及其有关部门、能源局相关派出机构、电力企业、重要电力用户应立即按照职责分工和相关预案开展处置工作。

1.5 事件分级

按照事件严重性和受影响程度，大面积停电事件分为特别重大、重大、较大和一般四级。分级标准见附件1。

2 组织体系

2.1 国家层面组织指挥机构

能源局负责大面积停电事件应对的指导协调和组织管理工作。当发生重大、特别重大大面积停电事件时，能源局或事发地省级人民政府按程序报请国务院批准，或根据国务院领导同志指示，成立国务院工作组，负责指导、协调、支持有关地方人民政府开展大面积停电事件应对工作。必要时，由国务院或国务院授权发展改革委成立国家大面积停电事件应急指挥部，统一领导、组织和指挥大面积停电事件应对工作。应急指挥部组成及工作组职责见附件2。

2.2 地方层面组织指挥机构

县级以上地方人民政府负责指挥、协调本行政区域内大面积停电事件应对工作，要结合本地实际，明确相应组织指挥机构，建立健全应急联动机制。

发生跨行政区域的大面积停电事件时，有关地方人民政府应根据需要建立跨区域大面积停电事件应急合作机制。

2.3 现场指挥机构

负责大面积停电事件应对的人民政府根据需要成立现场指挥部，负责现场组织指挥工作。参与现场处置的有关单位和人员应服从现场指挥部的统一指挥。

2.4 电力企业

电力企业（包括电网企业、发电企业等，下同）建立健全应急指挥机构，在政府组织指挥机构领导下开展大面积停电事件应对工作。电网调度工作按照《电网调度管理条例》及相关规程执行。

2.5 专家组

各级组织指挥机构根据需要成立大面积停电事件应急专家组，成员由电力、气象、地质、水文等领域相关专家组成，对大面积停电事件应对工作提供技术咨询和建议。

3 监测预警和信息报告

3.1 监测和风险分析

电力企业要结合实际加强对重要电力设施设备运行、发电燃料供应等情况的监测，建立与气象、水利、林业、地震、公安、交通运输、国土资源、工业和信息化等部门的信息共享机制，及时分析各类情况对电力运行可能造成的影响，预估可能影响的范围和程度。

3.2 预警

3.2.1 预警信息发布

电力企业研判可能造成大面积停电事件时，要及时将有关情况报告受影响区域地方人民政府电力运行主管部门和能源局相关派出机构，提出预警信息发布建议，并视情通知重要电力用户。地方人民政府电力运行主管部门应及时组织研判，必要时报请当地人民政府批准后向社会公众发布预警，并通报同级其他相关部门和单位。当可能发生重大以上大面积停电事件时，中央电力企业同时报告能源局。

3.2.2 预警行动

预警信息发布后，电力企业要加强设备巡查检修和运行监测，采取有效措施控制事态发展；组织相关应急救援队伍和人员进入待命状态，动员后备人员做好参加应急救援和处置工作准备，并做好大面积停电事件应急所需物资、装备和设备等应急保障准备工作。重要电力用户做好自备应急电源启用准备。受影响区域地方人民政府启动应急联动机制，组织有关部门和单位做好维持公共秩序、供水供气供热、商品供应、交通物流等方面的应急准备；加强相关舆情监测，主动回应社会公众关注的热点问题，及时澄清谣言传言，做好舆论引导工作。

3.2.3 预警解除

根据事态发展，经研判不会发生大面积停电事件时，按照"谁发布、谁解除"的原则，由发布单位宣布解除预警，适时终止相关措施。

3.3 信息报告

大面积停电事件发生后，相关电力企业应立即向受影响区域地方人民政府电力运行主管部门和能源局相关派出机构报告，中央电力企业同时报告能源局。

事发地人民政府电力运行主管部门接到大面积停电事件信息报告或者监测到相关信息后，应当立即进行核实，对大面积停电事件的性质和类别作出初步认定，按照国家规定的时限、程序和要求向上级电力运行主管部门和同级人民政府报告，并通报同级其他相关部门和单位。地方各级人民政府及其电力运行主管部门应当按照有关规定逐级上报，必要时可越级上报。能源局相关派出机构接到大面积停电事件报告后，应当立即核实有关情况并向能源局报告，同时通报事发地县级以上地方人民政府。对初判为重大以上的大面积停电事件，省级人民政府和能源局要立即按程序向国务院报告。

4 应急响应

4.1 响应分级

根据大面积停电事件的严重程度和发展态势，将应急响应设定为Ⅰ级、Ⅱ级、Ⅲ级和Ⅳ级四个等级。初判发生特别重大大面积停电事件，启动Ⅰ级应急响应，由事发地省级人民政府负责指挥应对工作。必要时，由国务院或国务院授权发展改革委成立国家大面积停电事件应急指挥部，统一领导、组织和指挥大面积停电事件应对工作。初判发生重大大面积停电事件，启动Ⅱ级应急响应，由事发地省级人民政府负责指挥应对工作。初判发生较大、一般大面积停电事件，分别启动Ⅲ级、Ⅳ级应急响应，根据事件影响范围，由事发地县级或市级人民政府负责指挥应对工作。

对于尚未达到一般大面积停电事件标准，但对社会产生较大影响的其他停电事件，地方人民政府可结合实际情况启动应急响应。

应急响应启动后，可视事件造成损失情况及其发展趋势调整响应级别，避免响应不足或响应过度。

4.2 响应措施

大面积停电事件发生后，相关电力企业和重要电力用户要立即实施先期处置，全力控制事件发展态势，减少损失。各有关地方、部门和单位根据工作需要，组织采取以下措施。

4.2.1　抢修电网并恢复运行

电力调度机构合理安排运行方式，控制停电范围；尽快恢复重要输变电设备、电力主干网架运行；在条件具备时，优先恢复重要电力用户、重要城市和重点地区的电力供应。

电网企业迅速组织力量抢修受损电网设备设施，根据应急指挥机构要求，向重要电力用户及重要设施提供必要的电力支援。

发电企业保证设备安全，抢修受损设备，做好发电机组并网运行准备，按照电力调度指令恢复运行。

4.2.2　防范次生衍生事故

重要电力用户按照有关技术要求迅速启动自备应急电源，加强重大危险源、重要目标、重大关键基础设施隐患排查与监测预警，及时采取防范措施，防止发生次生衍生事故。

4.2.3　保障居民基本生活

启用应急供水措施，保障居民用水需求；采用多种方式，保障燃气供应和采暖期内居民生活热力供应；组织生活必需品的应急生产、调配和运输，保障停电期间居民基本生活。

4.2.4　维护社会稳定

加强涉及国家安全和公共安全的重点单位安全保卫工作，严密防范和严厉打击违法犯罪活动。加强对停电区域内繁华街区、大型居民区、大型商场、学校、医院、金融机构、机场、城市轨道交通设施、车站、码头及其他重要生产经营场所等重点地区、重点部位、人员密集场所的治安巡逻，及时疏散人员，解救被困人员，防范治安事件。加强交通疏导，维护道路交通秩序。尽快恢复企业生产经营活动。严厉打击造谣惑众、囤积居奇、哄抬物价等各种违法行为。

4.2.5　加强信息发布

按照及时准确、公开透明、客观统一的原则，加强信息发布和舆论引导，主动向社会发布停电相关信息和应对工作情况，提示相关注意事项和安保措施。加强舆情收集分析，及时回应社会关切，澄清不实信息，正确引导社会舆论，稳定公众情绪。

4.2.6　组织事态评估

及时组织对大面积停电事件影响范围、影响程度、发展趋势及恢复进度进行评估，为进一步做好应对工作提供依据。

4.3　国家层面应对

4.3.1　部门应对

初判发生一般或较大大面积停电事件时，能源局开展以下工作：

（1）密切跟踪事态发展，督促相关电力企业迅速开展电力抢修恢复等工作，指导督促地方有关部门做好应对工作；

（2）视情派出部门工作组赴现场指导协调事件应对等工作；

（3）根据中央电力企业和地方请求，协调有关方面为应对工作提供支援和技术支持；

（4）指导做好舆情信息收集、分析和应对工作。

4.3.2　国务院工作组应对

初判发生重大或特别重大大面积停电事件时，国务院工作组主要开展以下工作：

（1）传达国务院领导同志指示批示精神，督促地方人民政府、有关部门和中央电力企业贯彻落实；

（2）了解事件基本情况、造成的损失和影响、应对进展及当地需求等，根据地方和中央电力企业请求，协调有关方面派出应急队伍、调运应急物资和装备、安排专家和技术人员等，为应对工作提供支援和技术支持；

（3）对跨省级行政区域大面积停电事件应对工作进行协调；

（4）赶赴现场指导地方开展事件应对工作；

（5）指导开展事件处置评估；

（6）协调指导大面积停电事件宣传报道工作；

（7）及时向国务院报告相关情况。

4.3.3　国家大面积停电事件应急指挥部应对

根据事件应对工作需要和国务院决策部署，成立国家大面积停电事件应急指挥部。主要开展以下工作：

（1）组织有关部门和单位、专家组进行会商，研究分析事态，部署应对工作；

（2）根据需要赴事发现场，或派出前方工作组赴事发现场，协调开展应对工作；

（3）研究决定地方人民政府、有关部门和中央电力企业提出的请求事项，重要事项报国务院决策；

（4）统一组织信息发布和舆论引导工作；

（5）组织开展事件处置评估；

（6）对事件处置工作进行总结并报告国务院。

4.4　响应终止

同时满足以下条件时，由启动响应的人民政府终止应急响应：

（1）电网主干网架基本恢复正常，电网运行参数保持在稳定限额之内，主要发电厂机组运行稳定；

（2）减供负荷恢复80%以上，受停电影响的重点地区、重要城市负荷恢复90%以上；

（3）造成大面积停电事件的隐患基本消除；

（4）大面积停电事件造成的重特大次生衍生事故基本处置完成。

5　后期处置

5.1　处置评估

大面积停电事件应急响应终止后，履行统一领导职责的人民政府要及时组织对事件处置工作进行评估，总结经验教训，分析查找问题，提出改进措施，形成处置评估报告。鼓励开展第三方评估。

5.2　事件调查

大面积停电事件发生后，根据有关规定成立调查组，查明事件原因、性质、影响范围、经济损失等情况，提出防范、整改措施和处理处置建议。

5.3　善后处置

事发地人民政府要及时组织制订善后工作方案并组织实施。保险机构要及时开展相关理赔工作，尽快消除大面积停电事件的影响。

5.4　恢复重建

大面积停电事件应急响应终止后，需对电网网架结构和设备设施进行修复或重建的，由能源局或事发地省级人民政府根据实际工作需要组织编制恢复重建规划。相关电力企业和受影响区域地方各级人民政府应当根据规划做好受损电力系统恢复重建工作。

6 保障措施

6.1 队伍保障

电力企业应建立健全电力抢修应急专业队伍，加强设备维护和应急抢修技能方面的人员培训，定期开展应急演练，提高应急救援能力。地方各级人民政府根据需要组织动员其他专业应急队伍和志愿者等参与大面积停电事件及其次生衍生灾害处置工作。军队、武警部队、公安消防等要做好应急力量支援保障。

6.2 装备物资保障

电力企业应储备必要的专业应急装备及物资，建立和完善相应保障体系。国家有关部门和地方各级人民政府要加强应急救援装备物资及生产生活物资的紧急生产、储备调拨和紧急配送工作，保障支援大面积停电事件应对工作需要。鼓励支持社会化储备。

6.3 通信、交通与运输保障

地方各级人民政府及通信主管部门要建立健全大面积停电事件应急通信保障体系，形成可靠的通信保障能力，确保应急期间通信联络和信息传递需要。交通运输部门要健全紧急运输保障体系，保障应急响应所需人员、物资、装备、器材等的运输；公安部门要加强交通应急管理，保障应急救援车辆优先通行；根据全面推进公务用车制度改革有关规定，有关单位应配备必要的应急车辆，保障应急救援需要。

6.4 技术保障

电力行业要加强大面积停电事件应对和监测先进技术、装备的研发，制定电力应急技术标准，加强电网、电厂安全应急信息化平台建设。有关部门要为电力日常监测预警及电力应急抢险提供必要的气象、地质、水文等服务。

6.5 应急电源保障

提高电力系统快速恢复能力，加强电网"黑启动"能力建设。国家有关部门和电力企业应充分考虑电源规划布局，保障各地区"黑启动"电源。电力企业应配备适量的应急发电装备，必要时提供应急电源支援。重要电力用户应按照国家有关技术要求配置应急电源，并加强维护和管理，确保应急状态下能够投入运行。

6.6 资金保障

发展改革委、财政部、民政部、国资委、能源局等有关部门和地方各级人民政府以及各相关电力企业应按照有关规定，对大面积停电事件处置工作提供必要的资金保障。

7 附则

7.1 预案管理

本预案实施后，能源局要会同有关部门组织预案宣传、培训和演练，并根据实际情况，适时组织评估和修订。地方各级人民政府要结合当地实际制定或修订本级大面积停电事件应急预案。

7.2 预案解释

本预案由能源局负责解释。

7.3 预案实施时间

本预案自印发之日起实施。

附件：1. 大面积停电事件分级标准
2. 国家大面积停电事件应急指挥部组成及工作组职责

附件1

大面积停电事件分级标准

一、特别重大大面积停电事件

1. 区域性电网：减供负荷 30% 以上。

2. 省、自治区电网：负荷 20000 兆瓦以上的减供负荷 30% 以上，负荷 5000 兆瓦以上 20000 兆瓦以下的减供负荷 40% 以上。

3. 直辖市电网：减供负荷 50% 以上，或 60% 以上供电用户停电。

4. 省、自治区人民政府所在地城市电网：负荷 2000 兆瓦以上的减供负荷 60% 以上，或 70% 以上供电用户停电。

二、重大大面积停电事件

1. 区域性电网：减供负荷 10% 以上 30% 以下。

2. 省、自治区电网：负荷 20000 兆瓦以上的减供负荷 13% 以上 30% 以下，负荷 5000 兆瓦以上 20000 兆瓦以下的减供负荷 16% 以上

40%以下，负荷 1000 兆瓦以上 5000 兆瓦以下的减供负荷 50%以上。

3. 直辖市电网：减供负荷 20%以上 50%以下，或 30%以上 60%以下供电用户停电。

4. 省、自治区人民政府所在地城市电网：负荷 2000 兆瓦以上的减供负荷 40%以上 60%以下，或 50%以上 70%以下供电用户停电；负荷 2000 兆瓦以下的减供负荷 40%以上，或 50%以上供电用户停电。

5. 其他设区的市电网：负荷 600 兆瓦以上的减供负荷 60%以上，或 70%以上供电用户停电。

三、较大大面积停电事件

1. 区域性电网：减供负荷 7%以上 10%以下。

2. 省、自治区电网：负荷 20000 兆瓦以上的减供负荷 10%以上 13%以下，负荷 5000 兆瓦以上 20000 兆瓦以下的减供负荷 12%以上 16%以下，负荷 1000 兆瓦以上 5000 兆瓦以下的减供负荷 20%以上 50%以下，负荷 1000 兆瓦以下的减供负荷 40%以上。

3. 直辖市电网：减供负荷 10%以上 20%以下，或 15%以上 30%以下供电用户停电。

4. 省、自治区人民政府所在地城市电网：减供负荷 20%以上 40%以下，或 30%以上 50%以下供电用户停电。

5. 其他设区的市电网：负荷 600 兆瓦以上的减供负荷 40%以上 60%以下，或 50%以上 70%以下供电用户停电；负荷 600 兆瓦以下的减供负荷 40%以上，或 50%以上供电用户停电。

6. 县级市电网：负荷 150 兆瓦以上的减供负荷 60%以上，或 70%以上供电用户停电。

四、一般大面积停电事件

1. 区域性电网：减供负荷 4%以上 7%以下。

2. 省、自治区电网：负荷 20000 兆瓦以上的减供负荷 5%以上 10%以下，负荷 5000 兆瓦以上 20000 兆瓦以下的减供负荷 6%以上 12%以下，负荷 1000 兆瓦以上 5000 兆瓦以下的减供负荷 10%以上 20%以下，负荷 1000 兆瓦以下的减供负荷 25%以上 40%以下。

3. 直辖市电网：减供负荷 5%以上 10%以下，或 10%以上 15%以下供电用户停电。

4. 省、自治区人民政府所在地城市电网：减供负荷 10% 以上 20% 以下，或 15% 以上 30% 以下供电用户停电。

5. 其他设区的市电网：减供负荷 20% 以上 40% 以下，或 30% 以上 50% 以下供电用户停电。

6. 县级市电网：负荷 150 兆瓦以上的减供负荷 40% 以上 60% 以下，或 50% 以上 70% 以下供电用户停电；负荷 150 兆瓦以下的减供负荷 40% 以上，或 50% 以上供电用户停电。

上述分级标准有关数量的表述中，"以上"含本数，"以下"不含本数。

附件 2

国家大面积停电事件
应急指挥部组成及工作组职责

国家大面积停电事件应急指挥部主要由发展改革委、中央宣传部（新闻办）、中央网信办、工业和信息化部、公安部、民政部、财政部、国土资源部、住房城乡建设部、交通运输部、水利部、商务部、国资委、新闻出版广电总局、安全监管总局、林业局、地震局、气象局、能源局、测绘地信局、铁路局、民航局、总参作战部、武警总部、中国铁路总公司、国家电网公司、中国南方电网有限责任公司等部门和单位组成，并可根据应对工作需要，增加有关地方人民政府、其他有关部门和相关电力企业。

国家大面积停电事件应急指挥部设立相应工作组，各工作组组成及职责分工如下：

一、电力恢复组：由发展改革委牵头，工业和信息化部、公安部、水利部、安全监管总局、林业局、地震局、气象局、能源局、测绘地信局、总参作战部、武警总部、国家电网公司、中国南方电网有限责任公司等参加，视情增加其他电力企业。

主要职责：组织进行技术研判，开展事态分析；组织电力抢修恢复工作，尽快恢复受影响区域供电工作；负责重要电力用户、重点区域的临时供电保障；负责组织跨区域的电力应急抢修恢复协调工作；协调军队、武警有关力量参与应对。

二、新闻宣传组：由中央宣传部（新闻办）牵头，中央网信办、发展改革委、工业和信息化部、公安部、新闻出版广电总局、安全监管总局、能源局等参加。

主要职责：组织开展事件进展、应急工作情况等权威信息发布，加强新闻宣传报道；收集分析国内外舆情和社会公众动态，加强媒体、电信和互联网管理，正确引导舆论；及时澄清不实信息，回应社会关切。

三、综合保障组：由发展改革委牵头，工业和信息化部、公安部、民政部、财政部、国土资源部、住房城乡建设部、交通运输部、水利部、商务部、国资委、新闻出版广电总局、能源局、铁路局、民航局、中国铁路总公司、国家电网公司、中国南方电网有限责任公司等参加，视情增加其他电力企业。

主要职责：对大面积停电事件受灾情况进行核实，指导恢复电力抢修方案，落实人员、资金和物资；组织做好应急救援装备物资及生产生活物资的紧急生产、储备调拨和紧急配送工作；及时组织调运重要生活必需品，保障群众基本生活和市场供应；维护供水、供气、供热、通信、广播电视等设施正常运行；维护铁路、道路、水路、民航等基本交通运行；组织开展事件处置评估。

四、社会稳定组：由公安部牵头，中央网信办、发展改革委、工业和信息化部、民政部、交通运输部、商务部、能源局、总参作战部、武警总部等参加。

主要职责：加强受影响地区社会治安管理，严厉打击借机传播谣言制造社会恐慌，以及趁机盗窃、抢劫、哄抢等违法犯罪行为；加强转移人员安置点、救灾物资存放点等重点地区治安管控；加强对重要生活必需品等商品的市场监管和调控，打击囤积居奇行为；加强对重点区域、重点单位的警戒；做好受影响人员与涉事单位、地方人民政府及有关部门矛盾纠纷化解等工作，切实维护社会稳定。

国家处置重、特大森林火灾应急预案

（2006 年 01 月 14 中华人民共和国国务院颁布）

1　总则

1.1　编制目的

贯彻落实"预防为主、积极消灭"的森林防火工作方针，切实做好各项应急处置重、特大森林火灾的工作，正确处理因森林火灾引发的紧急事务，确保国家在处置重、特大森林火灾时反应及时、准备充分、决策科学、措施有力，把森林火灾造成的损失降到最低程度。

1.2　编制依据

依据《中华人民共和国森林法》、《森林防火条例》和《国家突发公共事件总体应急预案》，制定本预案。

1.3　适用范围

本预案适用于在中华人民共和国境内发生的重、特大森林火灾的应急工作。

1.4　基本原则

1.4.1　在国务院统一领导下，国家林业局负责制订和协调组织实施本预案，本预案在具体实施时应遵循统一领导、分级负责的原则，落实各项责任制。

1.4.2　本预案涉及的国家相关部门，应根据本部门在森林防火工作中应履行的职责，落实各项支持保障措施，尽职尽责、密切协作、形成合力，确保在处置重、特大森林火灾时作出快速应急反应。

1.4.3　在处置重、特大森林火灾，保护森林资源安全时，要坚持以人为本，把保护人民群众生命安全放在首位，努力保护人民群众财产和公共设施的安全，把森林火灾的损失降到最低程度。

1.4.4　各级人民政府和森林经营单位不仅要落实预防森林火灾的各项措施，更要做好紧急应对突发重、特大森林火灾的思想准备、机制准备和工作准备，建立应对重、特大森林火灾的有效机制，做到常备不懈，快速反应，处置得当。

1.5 预案启动条件

重要火情报告国务院后，国家林业局密切注视火情动态变化，如果火场持续72小时仍未得到有效控制；对林区居民地、重要设施构成极大威胁；造成重大人员伤亡或重大财产损失；地方政府请求救助或国务院提出要求时，经国家林业局主要负责人批准，立即启动本预案，采取应急处置措施。

2 组织指挥体系及职责任务

本预案启动后，国家林业局立即成立"国家林业局扑火指挥部"具体承担应急处置重、特大森林火灾的各项组织指挥工作。各相关支持保障部门应快速响应，按职责任务，积极配合国家林业局做好各阶段的扑火救灾工作。

2.1 国家林业局扑火指挥部

在国务院统一领导下，国家林业局扑火指挥部积极协调有关部门，调动扑火力量，采取行之有效的应对措施，协助地方政府尽快扑灭火灾。具体承担：综合调度、后勤保障、技术咨询和现场督导等工作。

2.2 国家相关应急支持保障部门

本预案启动后，国家林业局扑火指挥部及时将火灾情况和各部门应承担的任务函告国家相关应急支持保障部门，各有关部门按照预定方案立即行动，积极配合国家林业局扑火指挥部做好各阶段扑救工作。

3 预警、监测、信息报告和处理

3.1 森林火灾预防

全国各级森林防火部门开展经常性的森林防火宣传教育，提高全民的森林防火意识；严格控制和管理野外火源，规范生产、生活用火行为；加强对高火险时段和危险区域检查监督，消除各项火灾隐患；有计划地烧除可燃物，开设防火阻隔带；加强森林防火基础设施建设，全面提高预防森林火灾的综合能力。

3.2 火险预测预报

依据气象部门气候中长期预报，国家林业局分析各重点防火期的森林火险形势，向全国发布火险形势宏观预测报告；气象部门依据天气预报信息，制作全国24小时森林火险天气预报，国家林业局通过森林防火网站向全国发布；遇有高火险天气时，在中央电视台的天气预报等栏目中向全国发布高火险天气警报；在森林火灾发生后，气象部门全面监测火场天气实况，提供火场天气形势预报。

3.3 林火监测

利用卫星林火监测系统，及时掌握热点变化情况，制作卫星热点监测图像及监测报告；通过森林消防飞机巡护侦察火场发展动态，绘制火场态势图；火灾发生地的地面瞭望台、巡护人员密切监视火场周围动态。

3.4 人工影响天气

由气象部门根据天气趋势，针对重点火场的地理位置制订人工影响天气方案，适时实施人工增雨作业，为尽快扑灭森林火灾创造有利条件。

3.5 信息报告和处理

3.5.1 一般火情，由省级森林防火指挥部按照林火日报、林火月报的规定进行统计，上报国家林业局。出现重大火情时，省级森林防火指挥部应立即核准情况后报告国家林业局。

3.5.2 出现特别重大火情时，国家林业局应立即如实向国务院报告，最迟不得超过4小时。

4 火灾扑救

4.1 分级响应

根据森林火灾发展态势，按照分级响应的原则，及时调整扑火组织指挥机构的级别和相应的职责。一般情况，随着灾情的不断加重，扑火组织指挥机构的级别也相应提高。森林火灾的响应级别按由高到低分为三级。

4.1.1 Ⅰ级响应

当出现受害森林面积1000公顷以上，火场仍未得到有效控制；造成30人以上死亡或造成重大影响和财产损失；严重威胁或烧毁城镇、居民地、重要设施和原始森林；以及需要国家支援的森林火灾等四种火情之一时，国务院可根据有关省（区、市）人民政府或国家林业局的请示，授权国家林业局局长组织协调指挥火灾扑救工作。如出现特殊情况需要采取进一步措施时，国家林业局另行请示国务院。

4.1.2　Ⅱ级响应

当出现火场持续72小时仍未得到有效控制；受害森林面积300公顷以上；造成10人以上、30人以下死亡或重大财产损失；威胁居民地、重要设施和原始森林，或者发生在省、自治区、直辖市交界地区、危险性较大的森林火灾；国外大面积火场距我国界或实际控制线5公里以内，并对我境内森林构成较大威胁的火灾等五种火情之一时，国家林业局立即进入紧急工作状态，及时向国务院和有关支持保障部门报告（通报）情况，拟订扑救方案，调动扑火力量，下达扑救任务，国家林业局工作组人员立即赶赴火场。

4.1.3　Ⅲ级响应

发现火情，当地森林防火部门立即组织扑救。县级森林防火指挥部必须在火场设立扑火前线指挥部；24小时后火场没有得到控制，市级扑火前线指挥部要组建到位；48小时后火场还没有得到控制或需要跨区支援扑救的火场，要建立省级扑火前线指挥部，进行规范化的调度和科学的组织指挥。

4.2　扑火指挥

扑救森林火灾由当地人民政府森林防火指挥部统一组织和指挥，参加扑火的所有单位和个人必须服从扑火前线指挥部的统一指挥。各级领导靠前指挥到位，随着火情趋于严重，扑火前线指挥部的级别随之提高，人员组成相应调整，但要坚持由上到下的逐级指挥体系。根据火场情况划分战区后，各项工作分指挥部按照总指挥部的统一部署可以全权负责本战区的组织指挥。武警森林部队在执行灭火任务时，内部设立相应级别的扑火指挥机构，在当地政府扑火前线指挥部的统一领导下，具体负责部队的组织指挥工作。

4.3　扑火原则

4.3.1　在扑火过程中，首先要保护人民生命财产、扑火人员、居民点和重要设施的安全。

4.3.2　在扑火战略上，尊重自然规律，采取"阻、打、清"相结合，做到快速出击、科学扑火，集中优势兵力打歼灭战。

4.3.3 在扑火战术上，要采取整体围控，各个歼灭；重兵扑救，彻底清除；阻隔为主，正面扑救为辅等多种方式和手段进行扑救，减少森林资源损失。

4.3.4 在扑火力量使用上，坚持以专业（半专业）森林消防队、武警森林部队等专业力量为主，其他经过训练的或有组织的非专业力量为辅的原则。

4.3.5 在落实责任制上，采取分段包干、划区包片的办法，建立扑火、清理和看守火场的责任制。

4.4 应急通信

在充分利用当地森林防火通信网的基础上，当地电信部门要建立火场应急通信系统，保障在紧急状态下扑救森林火灾时的通信畅通。必要时，国家林业局调派通信指挥车到火场提供应急通信辅助保障。

4.5 扑火安全

现场指挥员必须认真分析地理环境和火场态势，在扑火队伍行进、驻地选择和扑火作战时，要时刻注意观察天气和火势的变化，确保扑火人员的安全。

4.6 居民点及群众安全防护

地方各级人民政府应在林区居民点周围开设防火隔离带，预先制订紧急疏散方案，落实责任人，明确安全撤离路线。当居民点受到森林火灾威胁时，要及时果断地采取有效阻火措施，有组织、有秩序地及时疏散居民，确保群众生命安全。

4.7 医疗救护

因森林火灾造成人员伤亡时，火灾发生地政府要积极开展救治工作。伤员由当地医疗部门进行救治，必要时卫生部组织医疗专家协助进行救治；死难者由当地人民政府根据有关规定进行妥善处置。

4.8 扑火力量组织与动员

4.8.1 扑火力量的组成。扑救森林火灾应以当地专业（半专业）森林消防队、武警森林部队、驻军、武警部队、民兵、预备役部队等专业扑火力量为主，必要时可动员当地林区职工、机关干部及当地群众等非专业力量参加扑救工作。

4.8.2　跨区增援机动力量的组成。如当地扑火力量不足时，根据省级森林防火指挥部提出的申请，国家林业局扑火指挥部可调动其他省区的扑火队伍实施跨区域支援扑火。原则上以武警森林部队为主，地方专业森林消防队和军队为辅；就近增援为主，远距离增援为辅；从低火险区调集为主，高火险区调集为辅。可视当时各地火险程度和火灾发生情况，调整增援梯队顺序。

4.8.3　兵力及携行装备运输。跨区增援扑火的兵力及携行装备的运输以铁路输送方式为主，特殊情况请求民航部门支持实施空运。

4.9　火案查处

国家林业局森林公安局负责指导当地森林公安机关进行森林火灾案件的查处工作，未设森林公安机构的由当地公安机关负责案件查处工作。

4.10　信息发布

4.10.1　重、特大森林火灾的信息发布应当及时、准确、客观、全面。

4.10.2　重、特大森林火灾和扑火动态等信息由国家林业局发布。

4.10.3　信息发布形式主要包括授权发布、散发新闻稿、组织报道、接受记者采访、举行新闻发布会等。

4.11　应急结束

重、特大森林火灾得到有效控制后，根据实际情况，由国家林业局适时宣布结束应急期的工作，恢复正常森林防火工作秩序。

5　后期处置

5.1　火灾评估

国家林业局根据飞机拍摄的火场照片和省级森林防火指挥部上报的过火面积、森林受害面积，评估森林资源损失情况。

5.2　灾民安置及灾后重建

火灾发生地的人民政府根据有关规定妥善处理灾民安置和灾后重

建工作，确保受灾群众有饭吃、有水喝、有衣穿、有住处、有病能得到及时医治，并重点保证基础设施和安居工程的恢复重建。

5.3　工作总结

扑火工作结束后，要及时进行全面工作总结，重点是总结分析火灾发生的原因和应吸取的经验教训，提出改进措施。国家林业局上报重、特大森林火灾突发事件调查报告。

6　综合保障

6.1　通信与信息保障

各地应建立省、市、县、林场与火场的森林防火通信网络和火场应急通信保障体系，配备与扑火需要相适应的通信设备和通信指挥车。要充分利用现代通信手段，把有线电话、卫星电话、移动手机、无线电台及互联网等有机结合起来，发挥社会基础通信设施的作用，为扑火工作提供通信与信息保障。国家林业局森林防火网站负责发布天气形势分析数据（气象局提供）、卫星林火监测云图、火场实况图片图象、电子地图、火情调度等信息，为扑火指挥提供辅助决策信息支持。

6.2　后备力量保障

加强各级专业森林消防队伍建设，在坚持重点武装专业扑火力量的同时，也要重视后备扑火力量的准备，保证有足够的扑火梯队。各种扑火力量要在当地森林防火指挥部的统一组织指挥下，互相支援、积极配合、协同作战。

6.3　扑火物资储备保障

省、市、县三级森林防火指挥部根据各自行政区域的森林防火任务，建立相应的森林防火物资储备库，储备所需的扑火机具和扑火装备。国家林业局在重点林区设立的森林防火物资储备库，储备一定量的扑火机具、防护装备、通信器材，用于各地扑救重、特大森林火灾的补给。

6.4　资金保障

处置突发事件所需财政经费，按《财政应急保障预案》执行。

6.5　技术保障

各级气象部门为扑火工作提供火场气象服务，包括火场天气实况、天气预报、高火险警报、人工降雨等技术保障；林业院校和森林防火科研机构的森林防火专家提供灭火技术咨询和现场指导。国家林业局防火办建立森林防火专家信息库，汇集各个领域能够为森林防火提供技术支持的专家学者的全面信息，为扑火工作提供技术保障。

6.6　培训演练

6.6.1　各级森林防火指挥部有计划地开展扑火指挥员和扑火队员以及林区广大干部职工、群众的扑火指挥、扑火技战术和安全知识的培训，加强实战训练和扑火演习，提高扑火队伍的综合素质和扑火作战能力，对人民群众普及避火安全常识。同时，对林区应急分队配备必需的扑火机具，进行必要的扑火知识讲座，以保证高素质的扑火后备力量。

6.6.2　为保证本预案的顺利实施，国家林业局组织有关单位按照预案的内容开展培训和演练。

7　附则

7.1　术语说明

本预案所称"重、特大森林火灾"是指出现下列重要火情之一的森林火灾：燃烧蔓延超过72小时没有得到控制的森林火灾；受害森林面积超过300公顷尚未扑灭的森林火灾；造成10人以上死亡或造成重大影响和财产损失的森林火灾；威胁或烧毁林区居民地及重要设施的森林火灾；国外火场距我国界或实际控制线5公里以内，并对我境内森林构成较大威胁的火灾。不是灾后进行森林火灾统计意义上的森林火灾分类。

本预案有关数量的表述中，"以上"含本数，"以下"不含本数。

7.2　预案管理

本预案是国家处置重、特大森林火灾的应急措施，预案实施后应组织评估并视情及时修订。

7.3　奖励与责任追究

对在扑火工作中贡献突出的单位和个人的表彰奖励，依据《森林防火条例》相关规定执行；对在扑火工作中牺牲人员需追认烈士的，依据国家相关规定由地方民政部门和部队系统办理；对火灾肇事者的责任追究，由当地司法部门依法审理；对火灾事故负有行政领导责任的追究，依据国务院《关于特大安全事故行政责任追究的规定》及相关规定执行。

7.4 预案生效时间

本预案自印发之日起实施。

国家安全生产事故灾难应急预案

（2006 年 1 月 22 日中华人民共和国国务院颁布）

1 总则

1.1 编制目的

规范安全生产事故灾难的应急管理和应急响应程序，及时有效地实施应急救援工作，最大程度地减少人员伤亡、财产损失，维护人民群众的生命安全和社会稳定。

1.2 编制依据

依据《中华人民共和国安全生产法》、《国家突发公共事件总体应急预案》和《国务院关于进一步加强安全生产工作的决定》等法律法规及有关规定，制定本预案。

1.3 适用范围

本预案适用于下列安全生产事故灾难的应对工作：

（1）造成 30 人以上死亡（含失踪），或危及 30 人以上生命安全，或者 100 人以上中毒（重伤），或者需要紧急转移安置 10 万人以上，或者直接经济损失 1 亿元以上的特别重大安全生产事故灾难。

（2）超出省（区、市）人民政府应急处置能力，或者跨省级行政区、跨多个领域（行业和部门）的安全生产事故灾难。

（3）需要国务院安全生产委员会（以下简称国务院安委会）处置的安全生产事故灾难。

1.4 工作原则

（1）以人为本，安全第一。把保障人民群众的生命安全和身体健康、最大程度地预防和减少安全生产事故灾难造成的人员伤亡作为首要任务。切实加强应急救援人员的安全防护。充分发挥人的主观能动性，充分发挥专业救援力量的骨干作用和人民群众的基础作用。

（2）统一领导，分级负责。在国务院统一领导和国务院安委会组织协调下，各省（区、市）人民政府和国务院有关部门按照各自职责和权限，负责有关安全生产事故灾难的应急管理和应急处置工作。企业要认真履行安全生产责任主体的职责，建立安全生产应急预案和应急机制。

（3）条块结合，属地为主。安全生产事故灾难现场应急处置的领导和指挥以地方人民政府为主，实行地方各级人民政府行政首长负责制。有关部门应当与地方人民政府密切配合，充分发挥指导和协调作用。

（4）依靠科学，依法规范。采用先进技术，充分发挥专家作用，实行科学民主决策。采用先进的救援装备和技术，增强应急救援能力。依法规范应急救援工作，确保应急预案的科学性、权威性和可操作性。

（5）预防为主，平战结合。贯彻落实"安全第一，预防为主"的方针，坚持事故灾难应急与预防工作相结合。做好预防、预测、预警和预报工作，做好常态下的风险评估、物资储备、队伍建设、完善装备、预案演练等工作。

2 组织体系及相关机构职责

2.1 组织体系

全国安全生产事故灾难应急救援组织体系由国务院安委会、国务院有关部门、地方各级人民政府安全生产事故灾难应急领导机构、综合协调指挥机构、专业协调指挥机构、应急支持保障部门、应急救援队伍和生产经营单位组成。

国家安全生产事故灾难应急领导机构为国务院安委会，综合协调指挥机构为国务院安委会办公室，国家安全生产应急救援指挥中心具体承担安全生产事故灾难应急管理工作，专业协调指挥机构为国务院有关部门管理的专业领域应急救援指挥机构。

地方各级人民政府的安全生产事故灾难应急机构由地方政府确定。

应急救援队伍主要包括消防部队、专业应急救援队伍、生产经营单位的应急救援队伍、社会力量、志愿者队伍及有关国际救援力量等。

国务院安委会各成员单位按照职责履行本部门的安全生产事故灾难应急救援和保障方面的职责，负责制订、管理并实施有关应急预案。

2.2 现场应急救援指挥部及职责

现场应急救援指挥以属地为主，事发地省（区、市）人民政府成立现场应急救援指挥部。现场应急救援指挥部负责指挥所有参与应急救援的队伍和人员，及时向国务院报告事故灾难事态发展及救援情况，同时抄送国务院安委会办公室。

涉及多个领域、跨省级行政区或影响特别重大的事故灾难，根据需要由国务院安委会或者国务院有关部门组织成立现场应急救援指挥部，负责应急救援协调指挥工作。

3 预警预防机制

3.1 事故灾难监控与信息报告

国务院有关部门和省（区、市）人民政府应当加强对重大危险源的监控，对可能引发特别重大事故的险情，或者其他灾害、灾难可能引发安全生产事故灾难的重要信息应及时上报。

特别重大安全生产事故灾难发生后，事故现场有关人员应当立即报告单位负责人，单位负责人接到报告后，应当立即报告当地人民政府和上级主管部门。中央企业在上报当地政府的同时应当上报企业总部。当地人民政府接到报告后应当立即报告上级政府，国务院有关部门、单位、中央企业和事故灾难发生地的省（区、市）人民政府应当在接到报告后 2 小时内，向国务院报告，同时抄送国务院安委会办公室。

自然灾害、公共卫生和社会安全方面的突发事件可能引发安全生产事故灾难的信息，有关各级、各类应急指挥机构均应及时通报同级安全生产事故灾难应急救援指挥机构，安全生产事故灾难应急救援指挥机构应当及时分析处理，并按照分级管理的程序逐级上报，紧急情况下，可越级上报。

发生安全生产事故灾难的有关部门、单位要及时、主动向国务院安委会办公室、国务院有关部门提供与事故应急救援有关的资料。事故灾难发生地安全监管部门提供事故前监督检查的有关资料，为国务院安委会办公室、国务院有关部门研究制订救援方案提供参考。

3.2 预警行动

各级、各部门安全生产事故灾难应急机构接到可能导致安全生产事故灾难的信息后，按照应急预案及时研究确定应对方案，并通知有关部门、单位采取相应行动预防事故发生。

4 应急响应

4.1 分级响应

Ⅰ级应急响应行动（具体标准见 1.3）由国务院安委会办公室或国务院有关部门组织实施。当国务院安委会办公室或国务院有关部门进行Ⅰ级应急响应行动时，事发地各级人民政府应当按照相应的预案全力以赴组织救援，并及时向国务院及国务院安委会办公室、国务院有关部门报告救援工作进展情况。

Ⅱ级及以下应急响应行动的组织实施由省级人民政府决定。地方各级人民政府根据事故灾难或险情的严重程度启动相应的应急预案，超出其应急救援处置能力时，及时报请上一级应急救援指挥机构启动上一级应急预案实施救援。

4.1.1 国务院有关部门的响应

Ⅰ级响应时，国务院有关部门启动并实施本部门相关的应急预案，组织应急救援，并及时向国务院及国务院安委会办公室报告救援工作进展情况。需要其他部门应急力量支援时，及时提出请求。

根据发生的安全生产事故灾难的类别，国务院有关部门按照其职责和预案进行响应。

4.1.2 国务院安委会办公室的响应

（1）及时向国务院报告安全生产事故灾难基本情况、事态发展和救援进展情况。

（2）开通与事故灾难发生地的省级应急救援指挥机构、现场应急救援指挥部、相关专业应急救援指挥机构的通信联系，随时掌握事态发展情况。

（3）根据有关部门和专家的建议，通知相关应急救援指挥机构随时待命，为地方或专业应急救援指挥机构提供技术支持。

（4）派出有关人员和专家赶赴现场参加、指导现场应急救援，必要时协调专业应急力量增援。

（5）对可能或者已经引发自然灾害、公共卫生和社会安全突发事件的，国务院安委会办公室要及时上报国务院，同时负责通报相关领域的应急救援指挥机构。

（6）组织协调特别重大安全生产事故灾难应急救援工作。

（7）协调落实其他有关事项。

4.2　指挥和协调

进入Ⅰ级响应后，国务院有关部门及其专业应急救援指挥机构立即按照预案组织相关应急救援力量，配合地方政府组织实施应急救援。

国务院安委会办公室根据事故灾难的情况开展应急救援协调工作。通知有关部门及其应急机构、救援队伍和事发地毗邻省（区、市）人民政府应急救援指挥机构，相关机构按照各自应急预案提供增援或保障。有关应急队伍在现场应急救援指挥部统一指挥下，密切配合，共同实施抢险救援和紧急处置行动。

现场应急救援指挥部负责现场应急救援的指挥，现场应急救援指挥部成立前，事发单位和先期到达的应急救援队伍必须迅速、有效地实施先期处置，事故灾难发生地人民政府负责协调，全力控制事故灾难发展态势，防止次生、衍生和耦合事故（事件）发生，果断控制或切断事故灾害链。

中央企业发生事故灾难时，其总部应全力调动相关资源，有效开展应急救援工作。

4.3　紧急处置

现场处置主要依靠本行政区域内的应急处置力量。事故灾难发生后，发生事故的单位和当地人民政府按照应急预案迅速采取措施。

根据事态发展变化情况，出现急剧恶化的特殊险情时，现场应急救援指挥部在充分考虑专家和有关方面意见的基础上，依法及时采取紧急处置措施。

4.4　医疗卫生救助

事发地卫生行政主管部门负责组织开展紧急医疗救护和现场卫生处置工作。

卫生部或国务院安委会办公室根据地方人民政府的请求，及时协调有关专业医疗救护机构和专科医院派出有关专家、提供特种药品和特种救治装备进行支援。

事故灾难发生地疾病控制中心根据事故类型，按照专业规程进行现场防疫工作。

4.5 应急人员的安全防护

现场应急救援人员应根据需要携带相应的专业防护装备，采取安全防护措施，严格执行应急救援人员进入和离开事故现场的相关规定。

现场应急救援指挥部根据需要具体协调、调集相应的安全防护装备。

4.6 群众的安全防护

现场应急救援指挥部负责组织群众的安全防护工作，主要工作内容如下：

（1）企业应当与当地政府、社区建立应急互动机制，确定保护群众安全需要采取的防护措施。

（2）决定应急状态下群众疏散、转移和安置的方式、范围、路线、程序。

（3）指定有关部门负责实施疏散、转移。

（4）启用应急避难场所。

（5）开展医疗防疫和疾病控制工作。

（6）负责治安管理。

4.7 社会力量的动员与参与

现场应急救援指挥部组织调动本行政区域社会力量参与应急救援工作。

超出事发地省级人民政府处置能力时，省级人民政府向国务院申请本行政区域外的社会力量支援，国务院办公厅协调有关省级人民政府、国务院有关部门组织社会力量进行支援。

4.8 现场检测与评估

根据需要，现场应急救援指挥部成立事故现场检测、鉴定与评估小组，综合分析和评价检测数据，查找事故原因，评估事故发展趋势，预测事故后果，为制订现场抢救方案和事故调查提供参考。检测与评估报告要及时上报。

4.9 信息发布

国务院安委会办公室会同有关部门具体负责特别重大安全生产事故灾难信息的发布工作。

4.10 应急结束

当遇险人员全部得救，事故现场得以控制，环境符合有关标准，导致次生、衍生事故隐患消除后，经现场应急救援指挥部确认和批准，现场应急处置工作结束，应急救援队伍撤离现场。由事故发生地省级人民政府宣布应急结束。

5 后期处置

5.1 善后处置

省级人民政府会同相关部门（单位）负责组织特别重大安全生产事故灾难的善后处置工作，包括人员安置、补偿，征用物资补偿，灾后重建，污染物收集、清理与处理等事项。尽快消除事故影响，妥善安置和慰问受害及受影响人员，保证社会稳定，尽快恢复正常秩序。

5.2 保险

安全生产事故灾难发生后，保险机构及时开展应急救援人员保险受理和受灾人员保险理赔工作。

5.3 事故灾难调查报告、经验教训总结及改进建议

特别重大安全生产事故灾难由国务院安全生产监督管理部门负责组成调查组进行调查；必要时，国务院直接组成调查组或者授权有关部门组成调查组。

安全生产事故灾难善后处置工作结束后，现场应急救援指挥部分析总结应急救援经验教训，提出改进应急救援工作的建议，完成应急救援总结报告并及时上报。

6 保障措施

6.1 通信与信息保障

建立健全国家安全生产事故灾难应急救援综合信息网络系统和重大安全生产事故灾难信息报告系统；建立完善救援力量和资源信息数据库；规范信息获取、分析、发布、报送格式和程序，保证应急机构之间的信息资源共享，为应急决策提供相关信息支持。

有关部门应急救援指挥机构和省级应急救援指挥机构负责本部门、本地区相关信息收集、分析和处理，定期向国务院安委会办公室报送有关信息，重要信息和变更信息要及时报送，国务院安委会办公室负责收集、分析和处理全国安全生产事故灾难应急救援有关信息。

6.2　应急支援与保障

6.2.1　救援装备保障

各专业应急救援队伍和企业根据实际情况和需要配备必要的应急救援装备。专业应急救援指挥机构应当掌握本专业的特种救援装备情况，各专业队伍按规程配备救援装备。

6.2.2　应急队伍保障

矿山、危险化学品、交通运输等行业或领域的企业应当依法组建和完善救援队伍。各级、各行业安全生产应急救援机构负责检查并掌握相关应急救援力量的建设和准备情况。

6.2.3　交通运输保障

发生特别重大安全生产事故灾难后，国务院安委会办公室或有关部门根据救援需要及时协调民航、交通和铁路等行政主管部门提供交通运输保障。地方人民政府有关部门对事故现场进行道路交通管制，根据需要开设应急救援特别通道，道路受损时应迅速组织抢修，确保救灾物资、器材和人员运送及时到位，满足应急处置工作需要。

6.2.4　医疗卫生保障

县级以上各级人民政府应当加强急救医疗服务网络的建设，配备相应的医疗救治药物、技术、设备和人员，提高医疗卫生机构应对安全生产事故灾难的救治能力。

6.2.5　物资保障

国务院有关部门和县级以上人民政府及其有关部门、企业，应当建立应急救援设施、设备、救治药品和医疗器械等储备制度，储备必要的应急物资和装备。

各专业应急救援机构根据实际情况，负责监督应急物资的储备情况、掌握应急物资的生产加工能力储备情况。

6.2.6　资金保障

生产经营单位应当做好事故应急救援必要的资金准备。安全生产事故灾难应急救援资金首先由事故责任单位承担，事故责任单位暂时无力承担的，由当地政府协调解决。国家处置安全生产事故灾难所需工作经费按照《财政应急保障预案》的规定解决。

6.2.7 社会动员保障

地方各级人民政府根据需要动员和组织社会力量参与安全生产事故灾难的应急救援。国务院安委会办公室协调调用事发地以外的有关社会应急力量参与增援时，地方人民政府要为其提供各种必要保障。

6.2.8 应急避难场所保障

直辖市、省会城市和大城市人民政府负责提供特别重大事故灾难发生时人员避难需要的场所。

6.3 技术储备与保障

国务院安委会办公室成立安全生产事故灾难应急救援专家组，为应急救援提供技术支持和保障。要充分利用安全生产技术支撑体系的专家和机构，研究安全生产应急救援重大问题，开发应急技术和装备。

6.4 宣传、培训和演习

6.4.1 公众信息交流

国务院安委会办公室和有关部门组织应急法律法规和事故预防、避险、避灾、自救、互救常识的宣传工作，各种媒体提供相关支持。

地方各级人民政府结合本地实际，负责本地相关宣传、教育工作，提高全民的危机意识。

企业与所在地政府、社区建立互动机制，向周边群众宣传相关应急知识。

6.4.2 培训

有关部门组织各级应急管理机构以及专业救援队伍的相关人员进行上岗前培训和业务培训。

有关部门、单位可根据自身实际情况，做好兼职应急救援队伍的培训，积极组织社会志愿者的培训，提高公众自救、互救能力。

地方各级人民政府将突发公共事件应急管理内容列入行政干部培训的课程。

6.4.3 演习

各专业应急机构每年至少组织一次安全生产事故灾难应急救援演习。国务院安委会办公室每两年至少组织一次联合演习。各企事业单位应当根据自身特点，定期组织本单位的应急救援演习。演习结束后应及时进行总结。

6.5 监督检查

国务院安委会办公室对安全生产事故灾难应急预案实施的全过程进行监督检查。

7 附则

7.1 预案管理与更新

随着应急救援相关法律法规的制定、修改和完善，部门职责或应急资源发生变化，以及实施过程中发现存在问题或出现新的情况，应及时修订完善本预案。

本预案有关数量的表述中，"以上"含本数，"以下"不含本数。

7.2 奖励与责任追究

7.2.1 奖励

在安全生产事故灾难应急救援工作中有下列表现之一的单位和个人，应依据有关规定给予奖励：

（1）出色完成应急处置任务，成绩显著的。

（2）防止或抢救事故灾难有功，使国家、集体和人民群众的财产免受损失或者减少损失的。

（3）对应急救援工作提出重大建议，实施效果显著的。

（4）有其他特殊贡献的。

7.2.2 责任追究

在安全生产事故灾难应急救援工作中有下列行为之一的，按照法律、法规及有关规定，对有关责任人员视情节和危害后果，由其所在单位或者上级机关给予行政处分；其中，对国家公务员和国家行政机关任命的其他人员，分别由任免机关或者监察机关给予行政处分；属于违反治安管理行为的，由公安机关依照有关法律法规的规定予以处罚；构成犯罪的，由司法机关依法追究刑事责任：

（1）不按照规定制订事故应急预案，拒绝履行应急准备义务的。

（2）不按照规定报告、通报事故灾难真实情况的。

（3）拒不执行安全生产事故灾难应急预案，不服从命令和指挥，或者在应急响应时临阵脱逃的。

（4）盗窃、挪用、贪污应急工作资金或者物资的。

（5）阻碍应急工作人员依法执行任务或者进行破坏活动的。

（6）散布谣言，扰乱社会秩序的。

（7）有其他危害应急工作行为的。

7.3　国际沟通与协作

国务院安委会办公室和有关部门积极建立与国际应急机构的联系，组织参加国际救援活动，开展国际间的交流与合作。

7.4　预案实施时间

本预案自印发之日起施行。

国家城市轨道交通运营
突发事件应急预案

国务院办公厅关于印发国家城市轨道
交通运营突发事件应急预案的通知

办函〔2015〕32 号

各省、自治区、直辖市人民政府，国务院各部委、各直属
机构：

经国务院同意，现将修订后的《国家城市轨道交通运营
突发事件应急预案》印发给你们，请认真组织实施。2005 年
5 月 24 日经国务院批准、由国务院办公厅印发的《国家处置
城市地铁事故灾难应急预案》同时废止。

国务院办公厅

2015 年 4 月 30 日

1 总则

1.1 编制目的

建立健全城市轨道交通运营突发事件（以下简称运营突发事件）
处置工作机制，科学有序高效应对运营突发事件，最大程度减少人员
伤亡和财产损失，维护社会正常秩序。

1.2 编制依据

依据《中华人民共和国突发事件应对法》、《中华人民共和国安全
生产法》、《生产安全事故报告和调查处理条例》、《国家突发公共事件
总体应急预案》及相关法律法规等，制定本预案。

1.3 适用范围

本预案适用于城市轨道交通运营过程中发生的因列车撞击、脱轨、
设施设备故障、损毁，以及大客流等情况，造成人员伤亡、行车中断、
财产损失的突发事件应对工作。

因地震、洪涝、气象灾害等自然灾害和恐怖袭击、刑事案件等社会安全事件以及其他因素影响或可能影响城市轨道交通正常运营时，依据国家相关预案执行，同时参照本预案组织做好监测预警、信息报告、应急响应、后期处置等相关应对工作。

1.4 工作原则

运营突发事件应对工作坚持统一领导、属地负责，条块结合、协调联动，快速反应、科学处置的原则。运营突发事件发生后，城市轨道交通所在地城市及以上地方各级人民政府和有关部门、城市轨道交通运营单位（以下简称运营单位）应立即按照职责分工和相关预案开展处置工作。

1.5 事件分级

按照事件严重性和受影响程度，运营突发事件分为特别重大、重大、较大和一般四级。事件分级标准见附则。

2 组织指挥体系

2.1 国家层面组织指挥机构

交通运输部负责运营突发事件应对工作的指导协调和监督管理。根据运营突发事件的发展态势和影响，交通运输部或事发地省级人民政府可报请国务院批准，或根据国务院领导同志指示，成立国务院工作组，负责指导、协调、支持有关地方人民政府开展运营突发事件应对工作。必要时，由国务院或国务院授权交通运输部成立国家城市轨道交通应急指挥部，统一领导、组织和指挥运营突发事件应急处置工作。

2.2 地方层面组织指挥机构

城市轨道交通所在地城市及以上地方各级人民政府负责本行政区域内运营突发事件应对工作，要明确相应组织指挥机构。地方有关部门按照职责分工，密切配合，共同做好运营突发事件的应对工作。

对跨城市运营的城市轨道交通线路，有关城市人民政府应建立跨区域运营突发事件应急合作机制。

2.3 现场指挥机构

负责运营突发事件处置的人民政府根据需要成立现场指挥部，负责现场组织指挥工作。参与现场处置的有关单位和人员应服从现场指挥部的统一指挥。

2.4 运营单位

运营单位是运营突发事件应对工作的责任主体，要建立健全应急指挥机制，针对可能发生的运营突发事件完善应急预案体系，建立与相关单位的信息共享和应急联动机制。

2.5 专家组

各级组织指挥机构及运营单位根据需要设立运营突发事件处置专家组，由线路、轨道、结构工程、车辆、供电、通信、信号、环境与设备监控、运输组织等方面的专家组成，对运营突发事件处置工作提供技术支持。

3 监测预警和信息报告

3.1 监测和风险分析

运营单位应当建立健全城市轨道交通运营监测体系，根据运营突发事件的特点和规律，加大对线路、轨道、结构工程、车辆、供电、通信、信号、消防、特种设备、应急照明等设施设备和环境状态以及客流情况等的监测力度，定期排查安全隐患，开展风险评估，健全风险防控措施。当城市轨道交通正常运营可能受到影响时，要及时将有关情况报告当地城市轨道交通运营主管部门。

城市轨道交通所在地城市及以上地方各级人民政府城市轨道交通运营主管部门，应加强对本行政区域内城市轨道交通安全运营情况的日常监测，会同公安、国土资源、住房城乡建设、水利、安全监管、地震、气象、铁路、武警等部门（单位）和运营单位建立健全定期会商和信息共享机制，加强对突发大客流和洪涝、气象灾害、地质灾害、地震等信息的收集，对各类风险信息进行分析研判，并及时将可能导致运营突发事件的信息告知运营单位。有关部门应及时将可能影响城市轨道交通正常运营的信息通报同级城市轨道交通运营主管部门。

3.2 预警

3.2.1 预警信息发布

运营单位要及时对可能导致运营突发事件的风险信息进行分析研判，预估可能造成影响的范围和程度。城市轨道交通系统内设施设备及环境状态异常可能导致运营突发事件时，要及时向相关岗位专业人员发出预警；因突发大客流、自然灾害等原因可能影响城市轨道交通正常运营时，要及时报请当地城市轨道交通运营主管部门，通过电视、广播、报纸、互联网、手机短信、楼宇或移动电子屏幕、当面告知等渠道向公众发布预警信息。

3.2.2 预警行动

研判可能发生运营突发事件时，运营单位视情采取以下措施：

（1）防范措施

对于城市轨道交通系统内设施设备及环境状态预警，要组织专业人员迅速对相关设施设备状态进行检查确认，排除故障，并做好故障排除前的各项防范工作。

对于突发大客流预警，要及时调整运营组织方案，加强客流情况监测，在重点车站增派人员加强值守，做好客流疏导，视情采取限流、封站等控制措施，必要时申请启动地面公共交通接驳疏运。城市轨道交通运营主管部门要及时协调组织运力疏导客流。

对于自然灾害预警，要加强对地面线路、设备间、车站出入口等重点区域的检查巡视，加强对重点设施设备的巡检紧固和对重点区段设施设备的值守监测，做好相关设施设备停用和相关线路列车限速、停运准备。

（2）应急准备

责令应急救援队伍和人员进入待命状态，动员后备人员做好参加应急救援和处置工作准备，并调集运营突发事件应急所需物资、装备和设备，做好应急保障工作。

（3）舆论引导

预警信息发布后，及时公布咨询电话，加强相关舆情监测，主动回应社会公众关注的问题，及时澄清谣言传言，做好舆论引导工作。

3.2.3 预警解除

运营单位研判可能引发运营突发事件的危险已经消除时，宣布解除预警，适时终止相关措施。

3.3 信息报告

运营突发事件发生后，运营单位应当立即向当地城市轨道交运营主管部门和相关部门报告，同时通告可能受到影响的单位和乘客。

事发地城市轨道交通运营主管部门接到运营突发事件信息报告或者监测到相关信息后，应当立即进行核实，对运营突发事件的性质和类别作出初步认定，按照国家规定的时限、程序和要求向上级城市轨道交通运营主管部门和同级人民政府报告，并通报同级其他相关部门和单位。运营突发事件已经或者可能涉及相邻行政区域的，事发地城市轨道交通运营主管部门应当及时通报相邻区域城市轨道交通运营主管部门。事发地城市及以上地方各级人民政府、城市轨道交通运营主管部门应当按照有关规定逐级上报，必要时可越级上报。对初判为重大以上的运营突发事件，省级人民政府和交通运输部要立即向国务院报告。

4 应急响应

4.1 响应分级

根据运营突发事件的严重程度和发展态势，将应急响应设定为Ⅰ级、Ⅱ级、Ⅲ级、Ⅳ级四个等级。初判发生特别重大、重大运营突发事件时，分别启动Ⅰ级、Ⅱ级应急响应，由事发地省级人民政府负责应对工作；初判发生较大、一般运营突发事件时，分别启动Ⅲ级、Ⅳ级应急响应，由事发地城市人民政府负责应对工作。对跨城市运营的城市轨道交通线路，有关城市人民政府在建立跨区域运营突发事件应急合作机制时应明确各级应急响应的责任主体。

对需要国家层面协调处置的运营突发事件，由有关省级人民政府向国务院或由有关省级城市轨道交通运营主管部门向交通运输部提出请求。

运营突发事件发生在易造成重大影响的地区或重要时段时，可适当提高响应级别。应急响应启动后，可视事件造成损失情况及其发展趋势调整响应级别，避免响应不足或响应过度。

4.2 响应措施

运营突发事件发生后，运营单位必须立即实施先期处置，全力控制事件发展态势。各有关地方、部门和单位根据工作需要，组织采取以下措施。

4.2.1 人员搜救

调派专业力量和装备，在运营突发事件现场开展以抢救人员生命为主的应急救援工作。现场救援队伍之间要加强衔接和配合，做好自身安全防护。

4.2.2 现场疏散

按照预先制订的紧急疏导疏散方案，有组织、有秩序地迅速引导现场人员撤离事发地点，疏散受影响城市轨道交通沿线站点乘客至城市轨道交通车站出口；对城市轨道交通线路实施分区封控、警戒，阻止乘客及无关人员进入。

4.2.3 乘客转运

根据疏散乘客数量和发生运营突发事件的城市轨道交通线路运行方向，及时调整城市公共交通路网客运组织，利用城市轨道交通其余正常运营线路，调配地面公共交通车辆运输，加大发车密度，做好乘客的转运工作。

4.2.4 交通疏导

设置交通封控区，对事发地点周边交通秩序进行维护疏导，防止发生大范围交通瘫痪；开通绿色通道，为应急车辆提供通行保障。

4.2.5 医学救援

迅速组织当地医疗资源和力量，对伤病员进行诊断治疗，根据需要及时、安全地将重症伤病员转运到有条件的医疗机构加强救治。视情增派医疗卫生专家和卫生应急队伍、调配急需医药物资，支持事发地的医学救援工作。提出保护公众健康的措施建议，做好伤病员的心理援助。

4.2.6 抢修抢险

组织相关专业技术力量，开展设施设备等抢修作业，及时排除故障；组织土建线路抢险队伍，开展土建设施、轨道线路等抢险作业；组织车辆抢险队伍，开展列车抢险作业；组织机电设备抢险队伍，开展供电、通信、信号等抢险作业。

4.2.7 维护社会稳定

根据事件影响范围、程度，划定警戒区，做好事发现场及周边环境的保护和警戒，维护治安秩序；严厉打击借机传播谣言制造社会恐慌等违法犯罪行为；做好各类矛盾纠纷化解和法律服务工作，防止出现群体性事件，维护社会稳定。

4.2.8 信息发布和舆论引导

通过政府授权发布、发新闻稿、接受记者采访、举行新闻发布会、组织专家解读等方式，借助电视、广播、报纸、互联网等多种途径，运用微博、微信、手机应用程序（APP）客户端等新媒体平台，主动、及时、准确、客观向社会持续动态发布运营突发事件和应对工作信息，回应社会关切，澄清不实信息，正确引导社会舆论。信息发布内容包括事件时间、地点、原因、性质、伤亡情况、应对措施、救援进展、公众需要配合采取的措施、事件区域交通管制情况和临时交通措施等。

4.2.9 运营恢复

在运营突发事件现场处理完毕、次生灾害后果基本消除后，及时组织评估；当确认具备运营条件后，运营单位应尽快恢复正常运营。

4.3 国家层面应对工作

4.3.1 部门工作组应对

初判发生重大以上运营突发事件时，交通运输部立即派出工作组赴现场指导督促当地开展应急处置、原因调查、运营恢复等工作，并根据需要协调有关方面提供队伍、物资、技术等支持。

4.3.2 国务院工作组应对

当需要国务院协调处置时，成立国务院工作组。主要开展以下工作：

（1）传达国务院领导同志指示批示精神，督促地方政府和有关部门贯彻落实；

（2）了解事件基本情况、造成的损失和影响、应急处置进展及当地需求等；

（3）赶赴现场指导地方开展应急处置工作；

（4）根据地方请求，协调有关方面派出应急队伍、调运应急物资和装备、安排专家和技术人员等，为应急处置提供支援和技术支持；

（5）指导开展事件原因调查工作；

（6）及时向国务院报告相关情况。

4.3.3 国家城市轨道交通应急指挥部应对

根据事件应对工作需要和国务院决策部署，成立国家城市轨道交通应急指挥部，统一领导、组织和指挥运营突发事件应急处置工作。主要开展以下工作：

（1）组织有关部门和单位、专家组进行会商，研究分析事态，部署应急处置工作；

（2）根据需要赴事发现场，或派出前方工作组赴事发现场，协调开展应对工作；

（3）研究决定地方人民政府和有关部门提出的请求事项，重要事项报国务院决策；

（4）统一组织信息发布和舆论引导工作；

（5）对事件处置工作进行总结并报告国务院。

5 后期处置

5.1 善后处置

城市轨道交通所在地城市人民政府要及时组织制订补助、补偿、抚慰、抚恤、安置和环境恢复等善后工作方案并组织实施。组织保险机构及时开展相关理赔工作，尽快消除运营突发事件的影响。

5.2 事件调查

运营突发事件发生后，按照《生产安全事故报告和调查处理条例》等有关规定成立调查组，查明事件原因、性质、人员伤亡、影响范围、经济损失等情况，提出防范、整改措施和处理建议。

5.3 处置评估

运营突发事件响应终止后，履行统一领导职责的人民政府要及时组织对事件处置过程进行评估，总结经验教训，分析查找问题，提出改进措施，形成应急处置评估报告。

6 保障措施

6.1 通信保障

城市轨道交通所在地城市及以上地方人民政府、通信主管部门要建立健全运营突发事件应急通信保障体系，形成可靠的通信保障能力，确保应急期间通信联络和信息传递需要。

6.2 队伍保障

运营单位要建立健全运营突发事件专业应急救援队伍，加强人员设备维护和应急抢修能力培训，定期开展应急演练，提高应急救援能力。公安消防、武警部队等要做好应急力量支援保障。根据需要动员和组织志愿者等社会力量参与运营突发事件防范和处置工作。

6.3 装备物资保障

城市轨道交通所在地城市及以上地方人民政府和有关部门、运营单位要加强应急装备物资储备，鼓励支持社会化储备。城市轨道交通运营主管部门、运营单位要加强对城市轨道交通应急装备物资储备信息的动态管理。

6.4 技术保障

支持运营突发事件应急处置先进技术、装备的研发。建立城市轨道交通应急管理技术平台，实现信息综合集成、分析处理、风险评估的智能化和数字化。

6.5 交通运输保障

交通运输部门要健全道路紧急运输保障体系，保障应急响应所需人员、物资、装备、器材等的运输，保障人员疏散。公安部门要加强应急交通管理，保障应急救援车辆优先通行，做好人员疏散路线的交通疏导。

6.6 资金保障

运营突发事件应急处置所需经费首先由事件责任单位承担。城市轨道交通所在地城市及以上地方人民政府要对运营突发事件处置工作提供资金保障。

7 附则

7.1 术语解释

城市轨道交通是指采用专用轨道导向运行的城市公共客运交通系统，包括地铁系统、轻轨系统、单轨系统、有轨电车、磁浮系统、自动导向轨道交通系统、市域快速轨道系统等。

7.2 事件分级标准

（1）特别重大运营突发事件：造成30人以上死亡，或者100人以上重伤，或者直接经济损失1亿元以上的。

（2）重大运营突发事件：造成10人以上30人以下死亡，或者50人以上100人以下重伤，或者直接经济损失5000万元以上1亿元以下，或者连续中断行车24小时以上的。

（3）较大运营突发事件：造成3人以上10人以下死亡，或者10

人以上 50 人以下重伤，或者直接经济损失 1000 万元以上 5000 万元以下，或者连续中断行车 6 小时以上 24 小时以下的。

（4）一般运营突发事件：造成 3 人以下死亡，或者 10 人以下重伤，或者直接经济损失 50 万元以上 1000 万元以下，或者连续中断行车 2 小时以上 6 小时以下的。

上述分级标准有关数量的表述中，"以上"含本数，"以下"不含本数。

7.3 预案管理

预案实施后，交通运输部要会同有关部门组织预案宣传、培训和演练，并根据实际情况，适时组织评估和修订。城市轨道交通所在地城市及以上地方人民政府要结合当地实际制定或修订本级运营突发事件应急预案。

7.4 预案解释

本预案由交通运输部负责解释。

7.5 预案实施时间

本预案自印发之日起实施。

附件：

有关部门和单位职责

城市轨道交通运营突发事件（以下简称运营突发事件）应急组织指挥机构成员单位主要包括城市轨道交通运营主管部门、公安、安全监管、住房城乡建设、卫生计生、质检、新闻宣传、通信、武警等部门和单位。各有关部门和单位具体职责如下：

城市轨道交通运营主管部门负责指导、协调、组织运营突发事件监测、预警及应对工作，负责运营突发事件应急工作的监督管理；牵头组织完善城市轨道交通应急救援保障体系，协调建立健全应急处置联动机制；指导运营单位制订城市轨道交通应急疏散保障方案；指定或协调应急救援运输保障单位，组织事故现场人员和物资的运送；参与事件原因分析、调查与处理工作。

公安部门负责维护现场治安秩序和交通秩序；参与抢险救援，协助疏散乘客；监督指导重要目标、重点部位治安保卫工作；依法查处有关违法犯罪活动；负责组织消防力量扑灭事故现场火灾；参与相关事件原因分析、调查与处理工作。

安全监管部门负责组织指挥专业抢险队伍对运营突发事件中涉及的危险化学品泄漏事故进行处置；负责组织安全生产专家组对涉及危险化学品的运营突发事件提出相应处置意见；牵头负责事件原因分析、调查与处理工作。

住房城乡建设部门负责组织协调建设工程抢险队伍，配合运营单位专业抢险队伍开展工程抢险救援；对事后城市轨道交通工程质量检测工作进行监督；参与相关事件原因分析、调查与处理工作。

卫生计生部门负责组织协调医疗卫生资源，开展伤病员现场救治、转运和医院收治工作，统计医疗机构接诊救治伤病员情况；根据需要做好卫生防病工作，视情提出保护公众健康的措施建议，做好伤病员的心理援助。

质检部门负责牵头特种设备事故调查处理，参与相关事件原因分析、调查与处理工作。

新闻宣传部门负责组织、协调运营突发事件的宣传报道、事件处置情况的新闻发布、舆情收集和舆论引导工作，组织新闻媒体和网站宣传运营突发事件相关知识，加强对互联网信息的管理。各处置部门负责发布职责范围内的工作信息，处置工作牵头部门统筹发布抢险处置综合信息。

通信部门负责组织协调基础电信运营单位做好运营突发事件的应急通信保障工作；参与相关事件原因分析、调查与处理工作。

武警部队负责协同有关方面保卫重要目标，制止违法行为，搜查、抓捕犯罪分子，开展人员搜救、维护社会治安和疏散转移群众等工作。

其他有关部门应组织协调供电、水务、燃气等单位做好运营突发事件的应急供电保障，开展供水管道和燃气管道等地下管网抢修；视情参与相关事件原因分析、调查与处理工作等。

各地区可根据实际情况对成员单位组成及职责作适当调整。必要时可在指挥机构中设置工作组，协同做好应急处置工作。

全国普法学习读本
★ ★ ★ ★ ★

>>>>>>>>>>

突发事件法律法规学习读本

突发事件综合法律法规

■ 胡元斌　主编

加大全民普法力度，建设社会主义法治文化，树立宪法法律
至上、法律面前人人平等的法治理念。
　　　　—— 中国共产党第十九次全国代表大会《决胜全面建
成小康社会　夺取新时代中国特色社会主义伟大胜利》

汕头大学出版社

图书在版编目（CIP）数据

突发事件综合法律法规／胡元斌主编. -- 汕头：
汕头大学出版社，2023.4（重印）
（突发事件法律法规学习读本）
ISBN 978-7-5658-3447-9

Ⅰ.①突… Ⅱ.①胡… Ⅲ.①突发事件-处理-行政
法-中国 Ⅳ.①D922.14

中国版本图书馆 CIP 数据核字（2018）第 006235 号

突发事件综合法律法规　　TUFA SHIJIAN ZONGHE FALÜ FAGUI

主　　编：胡元斌
责任编辑：邹　峰
责任技编：黄东生
封面设计：大华文苑
出版发行：汕头大学出版社
　　　　　广东省汕头市大学路 243 号汕头大学校园内　邮政编码：515063
电　　话：0754-82904613
印　　刷：三河市元兴印务有限公司
开　　本：690mm×960mm 1/16
印　　张：18
字　　数：226 千字
版　　次：2018 年 1 月第 1 版
印　　次：2023 年 4 月第 2 次印刷
定　　价：59.60 元（全 2 册）
ISBN 978-7-5658-3447-9

前　言

习近平总书记指出："推进全民守法，必须着力增强全民法治观念。要坚持把全民普法和守法作为依法治国的长期基础性工作，采取有力措施加强法制宣传教育。要坚持法治教育从娃娃抓起，把法治教育纳入国民教育体系和精神文明创建内容，由易到难、循序渐进不断增强青少年的规则意识。要健全公民和组织守法信用记录，完善守法诚信褒奖机制和违法失信行为惩戒机制，形成守法光荣、违法可耻的社会氛围，使遵法守法成为全体人民共同追求和自觉行动。"

中共中央、国务院曾经转发了中央宣传部、司法部关于在公民中开展法治宣传教育的规划，并发出通知，要求各地区各部门结合实际认真贯彻执行。通知指出，全民普法和守法是依法治国的长期基础性工作。深入开展法治宣传教育，是全面建成小康社会和新农村的重要保障。

普法规划指出：各地区各部门要根据实际需要，从不同群体的特点出发，因地制宜开展有特色的法治宣传教育坚持集中法治宣传教育与经常性法治宣传教育相结合，深化法律进机关、进乡村、进社区、进学校、进企业、进单位的"法律六进"主题活动，完善工作标准，建立长效机制。

特别是农业、农村和农民问题，始终是关系党和人民事业发展的全局性和根本性问题。党中央、国务院发布的《关于推进社会主义新农村建设的若干意见》中明确提出要"加强农村法制建设，深入开展农村普法教育，增强农民的法制观念，提高农民依法行使权利和履行义务的自觉性。"多年普法实践证明，普及法律知识，提高法制观念，增强全社会依法办事意识具有重要作用。特别是在广大农村进行普法教育，是提高全民法律素质的需要。

多年来，我国在农村实行的改革开放取得了极大成功，农村发生了翻天覆地的变化，广大农民生活水平大大得到了提高。但是，由于历史和社会等原因，现阶段我国一些地区农民文化素质还不高，不学法、不懂法、不守法现象虽然较原来有所改变，但仍有相当一部分群众的法制观念仍很淡化，不懂、不愿借助法律来保护自身权益，这就极易受到不法的侵害，或极易进行违法犯罪活动，严重阻碍了全面建成小康社会和新农村步伐。

为此，根据党和政府的指示精神以及普法规划，特别是根据广大农村农民的现状，在有关部门和专家的指导下，特别编辑了这套《全国普法学习读本》。主要包括了广大人民群众应知应懂、实际实用的法律法规。为了辅导学习，附录还收入了相应法律法规的条例准则、实施细则、解读解答、案例分析等；同时为了突出法律法规的实际实用特点，兼顾地方性和特殊性，附录还收入了部分某些地方性法律法规以及非法律法规的政策文件、管理制度、应用表格等内容，拓展了本书的知识范围，使法律法规更"接地气"，便于读者学习掌握和实际应用。

在众多法律法规中，我们通过甄别，淘汰了废止的，精选了最新的、权威的和全面的。但有部分法律法规有些条款不适应当下情况了，却没有颁布新的，我们又不能擅自改动，只得保留原有条款，但附录却有相应的补充修改意见或通知等。众多法律法规根据不同内容和受众特点，经过归类组合，优化配套。整套普法读本非常全面系统，具有很强的学习性、实用性和指导性，非常适合用于广大农村和城乡普法学习教育与实践指导。总之，是全国全民普法的良好读本。

目 录

中华人民共和国突发事件应对法

突发事件应急预案管理办法

目　录

中华人民共和国突发事件应对法

中人民共和国主席令

第六十九号

《中华人民共和国突发事件应对法》已由中华人民共和国第十届全国人民代表大会常务委员会第二十九次会议于 2007 年 8 月 30 日通过，现予公布，自 2007年 11 月 1 日起施行。

中华人民共和国主席　胡锦涛

2007 年 8 月 30 日

第一章　总　则

第一条　为了预防和减少突发事件的发生，控制、减轻和消除突发事件引起的严重社会危害，规范突发事件应对活动，保护人民生命财产安全，维护国家安全、公共安全、环境安全和社会秩序，制定本法。

第二条 突发事件的预防与应急准备、监测与预警、应急处置与救援、事后恢复与重建等应对活动，适用本法。

第三条 本法所称突发事件，是指突然发生，造成或者可能造成严重社会危害，需要采取应急处置措施予以应对的自然灾害、事故灾难、公共卫生事件和社会安全事件。

按照社会危害程度、影响范围等因素，自然灾害、事故灾难、公共卫生事件分为特别重大、重大、较大和一般四级。法律、行政法规或者国务院另有规定的，从其规定。

突发事件的分级标准由国务院或者国务院确定的部门制定。

第四条 国家建立统一领导、综合协调、分类管理、分级负责、属地管理为主的应急管理体制。

第五条 突发事件应对工作实行预防为主、预防与应急相结合的原则。国家建立重大突发事件风险评估体系，对可能发生的突发事件进行综合性评估，减少重大突发事件的发生，最大限度地减轻重大突发事件的影响。

第六条 国家建立有效的社会动员机制，增强全民的公共安全和防范风险的意识，提高全社会的避险救助能力。

第七条 县级人民政府对本行政区域内突发事件的应对工作负责；涉及两个以上行政区域的，由有关行政区域共同的上一级人民政府负责，或者由各有关行政区域的上一级人民政府共同负责。

突发事件发生后，发生地县级人民政府应当立即采取措施控制事态发展，组织开展应急救援和处置工作，并立即向上一级人民政府报告，必要时可以越级上报。

突发事件发生地县级人民政府不能消除或者不能有效控制突发事件引起的严重社会危害的，应当及时向上级人民政府报告。上级人民政府应当及时采取措施，统一领导应急处置工作。

法律、行政法规规定由国务院有关部门对突发事件的应对工作负责的，从其规定；地方人民政府应当积极配合并提供必要的支持。

第八条 国务院在总理领导下研究、决定和部署特别重大突发事件的应对工作；根据实际需要，设立国家突发事件应急指挥机构，负责突发事件应对工作；必要时，国务院可以派出工作组指导有关工作。

县级以上地方各级人民政府设立由本级人民政府主要负责人、相关部门负责人、驻当地中国人民解放军和中国人民武装警察部队有关负责人组成的突发事件应急指挥机构，统一领导、协调本级人民政府各有关部门和下级人民政府开展突发事件应对工作；根据实际需要，设立相关类别突发事件应急指挥机构，组织、协调、指挥突发事件应对工作。

上级人民政府主管部门应当在各自职责范围内，指导、协助下级人民政府及其相应部门做好有关突发事件的应对工作。

第九条 国务院和县级以上地方各级人民政府是突发事件应对工作的行政领导机关，其办事机构及具体职责由国务院规定。

第十条 有关人民政府及其部门作出的应对突发事件的决定、命令，应当及时公布。

第十一条 有关人民政府及其部门采取的应对突发事件的措施，应当与突发事件可能造成的社会危害的性质、程度和范围相适应；有多种措施可供选择的，应当选择有利于最大程度地保护公民、法人和其他组织权益的措施。

公民、法人和其他组织有义务参与突发事件应对工作。

第十二条　有关人民政府及其部门为应对突发事件，可以征用单位和个人的财产。被征用的财产在使用完毕或者突发事件应急处置工作结束后，应当及时返还。财产被征用或者征用后毁损、灭失的，应当给予补偿。

第十三条　因采取突发事件应对措施，诉讼、行政复议、仲裁活动不能正常进行的，适用有关时效中止和程序中止的规定，但法律另有规定的除外。

第十四条　中国人民解放军、中国人民武装警察部队和民兵组织依照本法和其他有关法律、行政法规、军事法规的规定以及国务院、中央军事委员会的命令，参加突发事件的应急救援和处置工作。

第十五条　中华人民共和国政府在突发事件的预防、监测与预警、应急处置与救援、事后恢复与重建等方面，同外国政府和有关国际组织开展合作与交流。

第十六条　县级以上人民政府作出应对突发事件的决定、命令，应当报本级人民代表大会常务委员会备案；突发事件应急处置工作结束后，应当向本级人民代表大会常务委员会作出专项工作报告。

第二章　预防与应急准备

第十七条　国家建立健全突发事件应急预案体系。

国务院制定国家突发事件总体应急预案，组织制定国家突发事件专项应急预案；国务院有关部门根据各自的职责和国务院相关应急预案，制定国家突发事件部门应急预案。

地方各级人民政府和县级以上地方各级人民政府有关部门

根据有关法律、法规、规章、上级人民政府及其有关部门的应急预案以及本地区的实际情况，制定相应的突发事件应急预案。

应急预案制定机关应当根据实际需要和情势变化，适时修订应急预案。应急预案的制定、修订程序由国务院规定。

第十八条 应急预案应当根据本法和其他有关法律、法规的规定，针对突发事件的性质、特点和可能造成的社会危害，具体规定突发事件应急管理工作的组织指挥体系与职责和突发事件的预防与预警机制、处置程序、应急保障措施以及事后恢复与重建措施等内容。

第十九条 城乡规划应当符合预防、处置突发事件的需要，统筹安排应对突发事件所必需的设备和基础设施建设，合理确定应急避难场所。

第二十条 县级人民政府应当对本行政区域内容易引发自然灾害、事故灾难和公共卫生事件的危险源、危险区域进行调查、登记、风险评估，定期进行检查、监控，并责令有关单位采取安全防范措施。

省级和设区的市级人民政府应当对本行政区域内容易引发特别重大、重大突发事件的危险源、危险区域进行调查、登记、风险评估，组织进行检查、监控，并责令有关单位采取安全防范措施。

县级以上地方各级人民政府按照本法规定登记的危险源、危险区域，应当按照国家规定及时向社会公布。

第二十一条 县级人民政府及其有关部门、乡级人民政府、街道办事处、居民委员会、村民委员会应当及时调解处理可能引发社会安全事件的矛盾纠纷。

第二十二条 所有单位应当建立健全安全管理制度，定期检查本单位各项安全防范措施的落实情况，及时消除事故隐患；掌握并及时处理本单位存在的可能引发社会安全事件的问题，防止矛盾激化和事态扩大；对本单位可能发生的突发事件和采取安全防范措施的情况，应当按照规定及时向所在地人民政府或者人民政府有关部门报告。

第二十三条　矿山、建筑施工单位和易燃易爆物品、危险化学品、放射性物品等危险物品的生产、经营、储运、使用单位，应当制定具体应急预案，并对生产经营场所、有危险物品的建筑物、构筑物及周边环境开展隐患排查，及时采取措施消除隐患，防止发生突发事件。

第二十四条　公共交通工具、公共场所和其他人员密集场所的经营单位或者管理单位应当制定具体应急预案，为交通工具和有关场所配备报警装置和必要的应急救援设备、设施，注明其使用方法，并显著标明安全撤离的通道、路线，保证安全通道、出口的畅通。

有关单位应当定期检测、维护其报警装置和应急救援设备、设施，使其处于良好状态，确保正常使用。

第二十五条　县级以上人民政府应当建立健全突发事件应急管理培训制度，对人民政府及其有关部门负有处置突发事件职责的工作人员定期进行培训。

第二十六条　县级以上人民政府应当整合应急资源，建立或者确定综合性应急救援队伍。人民政府有关部门可以根据实际需要设立专业应急救援队伍。

县级以上人民政府及其有关部门可以建立由成年志愿者组成的应急救援队伍。单位应当建立由本单位职工组成的专职或者兼职应急救援队伍。

县级以上人民政府应当加强专业应急救援队伍与非专业应急救援队伍的合作，联合培训、联合演练，提高合成应急、协同应急的能力。

第二十七条 国务院有关部门、县级以上地方各级人民政府及其有关部门、有关单位应当为专业应急救援人员购买人身意外伤害保险，配备必要的防护装备和器材，减少应急救援人员的人身风险。

第二十八条 中国人民解放军、中国人民武装警察部队和民兵组织应当有计划地组织开展应急救援的专门训练。

第二十九条 县级人民政府及其有关部门、乡级人民政府、街道办事处应当组织开展应急知识的宣传普及活动和必要的应急演练。

居民委员会、村民委员会、企业事业单位应当根据所在地人民政府的要求，结合各自的实际情况，开展有关突发事件应急知识的宣传普及活动和必要的应急演练。

新闻媒体应当无偿开展突发事件预防与应急、自救与互救知识的公益宣传。

第三十条 各级各类学校应当把应急知识教育纳入教学内容，对学生进行应急知识教育，培养学生的安全意识和自救与互救能力。

教育主管部门应当对学校开展应急知识教育进行指导和监督。

第三十一条 国务院和县级以上地方各级人民政府应当采取财政措施，保障突发事件应对工作所需经费。

第三十二条 国家建立健全应急物资储备保障制度，完善重要应急物资的监管、生产、储备、调拨和紧急配送体系。

设区的市级以上人民政府和突发事件易发、多发地区的县级人民政府应当建立应急救援物资、生活必需品和应急处置装备的储备制度。

县级以上地方各级人民政府应当根据本地区的实际情况，与有关企业签订协议，保障应急救援物资、生活必需品和应急处置装备的生产、供给。

第三十三条　国家建立健全应急通信保障体系，完善公用通信网，建立有线与无线相结合、基础电信网络与机动通信系统相配套的应急通信系统，确保突发事件应对工作的通信畅通。

第三十四条　国家鼓励公民、法人和其他组织为人民政府应对突发事件工作提供物资、资金、技术支持和捐赠。

第三十五条　国家发展保险事业，建立国家财政支持的巨灾风险保险体系，并鼓励单位和公民参加保险。

第三十六条　国家鼓励、扶持具备相应条件的教学科研机构培养应急管理专门人才，鼓励、扶持教学科研机构和有关企业研究开发用于突发事件预防、监测、预警、应急处置与救援的新技术、新设备和新工具。

第三章　监测与预警

第三十七条　国务院建立全国统一的突发事件信息系统。

县级以上地方各级人民政府应当建立或者确定本地区统一的突发事件信息系统，汇集、储存、分析、传输有关突发事件的信息，并与上级人民政府及其有关部门、下级人民政府及其有关部门、专业机构和监测网点的突发事件信息系统实现互联互通，加强跨部门、跨地区的信息交流与情报合作。

第三十八条 县级以上人民政府及其有关部门、专业机构应当通过多种途径收集突发事件信息。

县级人民政府应当在居民委员会、村民委员会和有关单位建立专职或者兼职信息报告员制度。

获悉突发事件信息的公民、法人或者其他组织，应当立即向所在地人民政府、有关主管部门或者指定的专业机构报告。

第三十九条 地方各级人民政府应当按照国家有关规定向上级人民政府报送突发事件信息。县级以上人民政府有关主管部门应当向本级人民政府相关部门通报突发事件信息。专业机构、监测网点和信息报告员应当及时向所在地人民政府及其有关主管部门报告突发事件信息。

有关单位和人员报送、报告突发事件信息，应当做到及时、客观、真实，不得迟报、谎报、瞒报、漏报。

第四十条 县级以上地方各级人民政府应当及时汇总分析突发事件隐患和预警信息，必要时组织相关部门、专业技术人员、专家学者进行会商，对发生突发事件的可能性及其可能造成的影响进行评估；认为可能发生重大或者特别重大突发事件的，应当立即向上级人民政府报告，并向上级人民政府有关部门、当地驻军和可能受到危害的毗邻或者相关地区的人民政府通报。

第四十一条 国家建立健全突发事件监测制度。

县级以上人民政府及其有关部门应当根据自然灾害、事故灾难和公共卫生事件的种类和特点，建立健全基础信息数据库，完善监测网络，划分监测区域，确定监测点，明确监测项目，提供必要的设备、设施，配备专职或者兼职人员，对可能发生的突发事件进行监测。

第四十二条 国家建立健全突发事件预警制度。

可以预警的自然灾害、事故灾难和公共卫生事件的预警级别，按照突发事件发生的紧急程度、发展势态和可能造成的危害程度分为一级、二级、三级和四级，分别用红色、橙色、黄色和蓝色标示，一级为最高级别。

预警级别的划分标准由国务院或者国务院确定的部门制定。

第四十三条 可以预警的自然灾害、事故灾难或者公共卫生事件即将发生或者发生的可能性增大时，县级以上地方各级人民政府应当根据有关法律、行政法规和国务院规定的权限和程序，发布相应级别的警报，决定并宣布有关地区进入预警期，同时向上一级人民政府报告，必要时可以越级上报，并向当地驻军和可能受到危害的毗邻或者相关地区的人民政府通报。

第四十四条 发布三级、四级警报，宣布进入预警期后，县级以上地方各级人民政府应当根据即将发生的突发事件的特点和可能造成的危害，采取下列措施：

（一）启动应急预案；

（二）责令有关部门、专业机构、监测网点和负有特定职责的人员及时收集、报告有关信息，向社会公布反映突发事件信息的渠道，加强对突发事件发生、发展情况的监测、预报和预警工作；

（三）组织有关部门和机构、专业技术人员、有关专家学者，随时对突发事件信息进行分析评估，预测发生突发事件可能性的大小、影响范围和强度以及可能发生的突发事件的级别；

（四）定时向社会发布与公众有关的突发事件预测信息和分析评估结果，并对相关信息的报道工作进行管理；

（五）及时按照有关规定向社会发布可能受到突发事件危害

的警告，宣传避免、减轻危害的常识，公布咨询电话。

第四十五条 发布一级、二级警报，宣布进入预警期后，县级以上地方各级人民政府除采取本法第四十四条规定的措施外，还应当针对即将发生的突发事件的特点和可能造成的危害，采取下列一项或者多项措施：

（一）责令应急救援队伍、负有特定职责的人员进入待命状态，并动员后备人员做好参加应急救援和处置工作的准备；

（二）调集应急救援所需物资、设备、工具，准备应急设施和避难场所，并确保其处于良好状态、随时可以投入正常使用；

（三）加强对重点单位、重要部位和重要基础设施的安全保卫，维护社会治安秩序；

（四）采取必要措施，确保交通、通信、供水、排水、供电、供气、供热等公共设施的安全和正常运行；

（五）及时向社会发布有关采取特定措施避免或者减轻危害的建议、劝告；

（六）转移、疏散或者撤离易受突发事件危害的人员并予以妥善安置，转移重要财产；

（七）关闭或者限制使用易受突发事件危害的场所，控制或者限制容易导致危害扩大的公共场所的活动；

（八）法律、法规、规章规定的其他必要的防范性、保护性措施。

第四十六条 对即将发生或者已经发生的社会安全事件，县级以上地方各级人民政府及其有关主管部门应当按照规定向上一级人民政府及其有关主管部门报告，必要时可以越级上报。

第四十七条 发布突发事件警报的人民政府应当根据事态的发展，按照有关规定适时调整预警级别并重新发布。

有事实证明不可能发生突发事件或者危险已经解除的，发布警报的人民政府应当立即宣布解除警报，终止预警期，并解除已经采取的有关措施。

第四章　应急处置与救援

第四十八条　突发事件发生后，履行统一领导职责或者组织处置突发事件的人民政府应当针对其性质、特点和危害程度，立即组织有关部门，调动应急救援队伍和社会力量，依照本章的规定和有关法律、法规、规章的规定采取应急处置措施。

第四十九条　自然灾害、事故灾难或者公共卫生事件发生后，履行统一领导职责的人民政府可以采取下列一项或者多项应急处置措施：

（一）组织营救和救治受害人员，疏散、撤离并妥善安置受到威胁的人员以及采取其他救助措施；

（二）迅速控制危险源，标明危险区域，封锁危险场所，划定警戒区，实行交通管制以及其他控制措施；

（三）立即抢修被损坏的交通、通信、供水、排水、供电、供气、供热等公共设施，向受到危害的人员提供避难场所和生活必需品，实施医疗救护和卫生防疫以及其他保障措施；

（四）禁止或者限制使用有关设备、设施，关闭或者限制使用有关场所，中止人员密集的活动或者可能导致危害扩大的生产经营活动以及采取其他保护措施；

（五）启用本级人民政府设置的财政预备费和储备的应急救援物资，必要时调用其他急需物资、设备、设施、工具；

（六）组织公民参加应急救援和处置工作，要求具有特定专长的人员提供服务；

（七）保障食品、饮用水、燃料等基本生活必需品的供应；

（八）依法从严惩处囤积居奇、哄抬物价、制假售假等扰乱市场秩序的行为，稳定市场价格，维护市场秩序；

（九）依法从严惩处哄抢财物、干扰破坏应急处置工作等扰乱社会秩序的行为，维护社会治安；

（十）采取防止发生次生、衍生事件的必要措施。

第五十条 社会安全事件发生后，组织处置工作的人民政府应当立即组织有关部门并由公安机关针对事件的性质和特点，依照有关法律、行政法规和国家其他有关规定，采取下列一项或者多项应急处置措施：

（一）强制隔离使用器械相互对抗或者以暴力行为参与冲突的当事人，妥善解决现场纠纷和争端，控制事态发展；

（二）对特定区域内的建筑物、交通工具、设备、设施以及燃料、燃气、电力、水的供应进行控制；

（三）封锁有关场所、道路，查验现场人员的身份证件，限制有关公共场所内的活动；

（四）加强对易受冲击的核心机关和单位的警卫，在国家机关、军事机关、国家通讯社、广播电台、电视台、外国驻华使领馆等单位附近设置临时警戒线；

（五）法律、行政法规和国务院规定的其他必要措施。

严重危害社会治安秩序的事件发生时，公安机关应当立即依法出动警力，根据现场情况依法采取相应的强制性措施，尽快使社会秩序恢复正常。

第五十一条 发生突发事件，严重影响国民经济正常运行时，国务院或者国务院授权的有关主管部门可以采取保障、控制等必要的应急措施，保障人民群众的基本生活需要，最大限度地减轻突发事件的影响。

第五十二条 履行统一领导职责或者组织处置突发事件的人民政府，必要时可以向单位和个人征用应急救援所需设备、设施、场地、交通工具和其他物资，请求其他地方人民政府提供人力、物力、财力或者技术支援，要求生产、供应生活必需品和应急救援物资的企业组织生产、保证供给，要求提供医疗、交通等公共服务的组织提供相应的服务。

履行统一领导职责或者组织处置突发事件的人民政府，应当组织协调运输经营单位，优先运送处置突发事件所需物资、设备、工具、应急救援人员和受到突发事件危害的人员。

第五十三条 履行统一领导职责或者组织处置突发事件的人民政府，应当按照有关规定统一、准确、及时发布有关突发事件事态发展和应急处置工作的信息。

第五十四条 任何单位和个人不得编造、传播有关突发事件事态发展或者应急处置工作的虚假信息。

第五十五条 突发事件发生地的居民委员会、村民委员会和其他组织应当按照当地人民政府的决定、命令，进行宣传动员，组织群众开展自救和互救，协助维护社会秩序。

第五十六条 受到自然灾害危害或者发生事故灾难、公共卫生事件的单位，应当立即组织本单位应急救援队伍和工作人员营救受害人员，疏散、撤离、安置受到威胁的人员，控制危险源，标明危险区域，封锁危险场所，并采取其他防止危害扩大的必要措施，同时向所在地县级人民政府报告；对因本单位的问题引发的或者主体是本单位人员的社会安全事件，有关单位应当按照规定上报情况，并迅速派出负责人赶赴现场开展劝解、疏导工作。

突发事件发生地的其他单位应当服从人民政府发布的决定、命令，配合人民政府采取的应急处置措施，做好本单位的应急救援工作，并积极组织人员参加所在地的应急救援和处置工作。

第五十七条 突发事件发生地的公民应当服从人民政府、居民委员会、村民委员会或者所属单位的指挥和安排，配合人民政府采取的应急处置措施，积极参加应急救援工作，协助维护社会秩序。

第五章 事后恢复与重建

第五十八条 突发事件的威胁和危害得到控制或者消除后，履行统一领导职责或者组织处置突发事件的人民政府应当停止执行依照本法规定采取的应急处置措施，同时采取或者继续实施必要措施，防止发生自然灾害、事故灾难、公共卫生事件的次生、衍生事件或者重新引发社会安全事件。

第五十九条 突发事件应急处置工作结束后，履行统一领导职责的人民政府应当立即组织对突发事件造成的损失进行评估，组织受影响地区尽快恢复生产、生活、工作和社会秩序，制定恢复重建计划，并向上一级人民政府报告。

受突发事件影响地区的人民政府应当及时组织和协调公安、交通、铁路、民航、邮电、建设等有关部门恢复社会治安秩序，尽快修复被损坏的交通、通信、供水、排水、供电、供气、供热等公共设施。

第六十条 受突发事件影响地区的人民政府开展恢复重建工作需要上一级人民政府支持的，可以向上一级人民政府提出请求。上一级人民政府应当根据受影响地区遭受的损失和实际情况，提供资金、物资支持和技术指导，组织其他地区提供资金、物资和人力支援。

第六十一条　国务院根据受突发事件影响地区遭受损失的情况，制定扶持该地区有关行业发展的优惠政策。

受突发事件影响地区的人民政府应当根据本地区遭受损失的情况，制定救助、补偿、抚慰、抚恤、安置等善后工作计划并组织实施，妥善解决因处置突发事件引发的矛盾和纠纷。

公民参加应急救援工作或者协助维护社会秩序期间，其在本单位的工资待遇和福利不变；表现突出、成绩显著的，由县级以上人民政府给予表彰或者奖励。

县级以上人民政府对在应急救援工作中伤亡的人员依法给予抚恤。

第六十二条　履行统一领导职责的人民政府应当及时查明突发事件的发生经过和原因，总结突发事件应急处置工作的经验教训，制定改进措施，并向上一级人民政府提出报告。

第六章　法律责任

第六十三条　地方各级人民政府和县级以上各级人民政府有关部门违反本法规定，不履行法定职责的，由其上级行政机关或者监察机关责令改正；有下列情形之一的，根据情节对直接负责的主管人员和其他直接责任人员依法给予处分：

（一）未按规定采取预防措施，导致发生突发事件，或者未采取必要的防范措施，导致发生次生、衍生事件的；

（二）迟报、谎报、瞒报、漏报有关突发事件的信息，或者通报、报送、公布虚假信息，造成后果的；

（三）未按规定及时发布突发事件警报、采取预警期的措施，导致损害发生的；

（四）未按规定及时采取措施处置突发事件或者处置不当，造成后果的；

（五）不服从上级人民政府对突发事件应急处置工作的统一领导、指挥和协调的；

（六）未及时组织开展生产自救、恢复重建等善后工作的；

（七）截留、挪用、私分或者变相私分应急救援资金、物资的；

（八）不及时归还征用的单位和个人的财产，或者对被征用财产的单位和个人不按规定给予补偿的。

第六十四条 有关单位有下列情形之一的，由所在地履行统一领导职责的人民政府责令停产停业，暂扣或者吊销许可证或者营业执照，并处五万元以上二十万元以下的罚款；构成违反治安管理行为的，由公安机关依法给予处罚：

（一）未按规定采取预防措施，导致发生严重突发事件的；

（二）未及时消除已发现的可能引发突发事件的隐患，导致发生严重突发事件的；

（三）未做好应急设备、设施日常维护、检测工作，导致发生严重突发事件或者突发事件危害扩大的；

（四）突发事件发生后，不及时组织开展应急救援工作，造成严重后果的。

前款规定的行为，其他法律、行政法规规定由人民政府有关部门依法决定处罚的，从其规定。

第六十五条 违反本法规定，编造并传播有关突发事件事态发展或者应急处置工作的虚假信息，或者明知是有关突发事件事态发展或者应急处置工作的虚假信息而进行传播的，责令改正，给予警告；造成严重后果的，依法暂停其业务活动或者吊销其执业许可证；负有直接责任的人员是国家工作人员的，还应当对其依法给予处分；构成违反治安管理行为的，由公安机关依法给予处罚。

第六十六条　单位或者个人违反本法规定，不服从所在地人民政府及其有关部门发布的决定、命令或者不配合其依法采取的措施，构成违反治安管理行为的，由公安机关依法给予处罚。

第六十七条　单位或者个人违反本法规定，导致突发事件发生或者危害扩大，给他人人身、财产造成损害的，应当依法承担民事责任。

第六十八条　违反本法规定，构成犯罪的，依法追究刑事责任。

第七章　附　　则

第六十九条　发生特别重大突发事件，对人民生命财产安全、国家安全、公共安全、环境安全或者社会秩序构成重大威胁，采取本法和其他有关法律、法规、规章规定的应急处置措施不能消除或者有效控制、减轻其严重社会危害，需要进入紧急状态的，由全国人民代表大会常务委员会或者国务院依照宪法和其他有关法律规定的权限和程序决定。

紧急状态期间采取的非常措施，依照有关法律规定执行或者由全国人民代表大会常务委员会另行规定。

第七十条　本法自 2007 年 11 月 1 日起施行。

突发事件应急预案管理办法

国务院办公厅关于印发突发事件
应急预案管理办法的通知
国办发〔2013〕101 号

各省、自治区、直辖市人民政府，国务院各部委、各
直属机构：

《突发事件应急预案管理办法》已经国务院同意，
现印发给你们，请认真贯彻执行。

国务院办公厅

2013 年 10 月 25 日

第一章　总　则

第一条　为规范突发事件应急预案（以下简称应急预案）管理，增强应急预案的针对性、实用性和可操作性，依据《中华人民共和国突发事件应对法》等法律、行政法规，制订本办法。

第二条　本办法所称应急预案，是指各级人民政府及其部门、基层组织、企事业单位、社会团体等为依法、迅速、科学、有序应对突发事件，最大程度减少突发事件及其造成的损害而预先制定的工作方案。

第三条　应急预案的规划、编制、审批、发布、备案、演练、修订、培训、宣传教育等工作，适用本办法。

第四条　应急预案管理遵循统一规划、分类指导、分级负责、动态管理的原则。

第五条　应急预案编制要依据有关法律、行政法规和制度，紧密结合实际，合理确定内容，切实提高针对性、实用性和可操作性。

第二章　分类和内容

第六条　应急预案按照制定主体划分，分为政府及其部门应急预案、单位和基层组织应急预案两大类。

第七条　政府及其部门应急预案由各级人民政府及其部门制定，包括总体应急预案、专项应急预案、部门应急预案等。

总体应急预案是应急预案体系的总纲，是政府组织应对突发事件的总体制度安排，由县级以上各级人民政府制定。

专项应急预案是政府为应对某一类型或某几种类型突发事件，或者针对重要目标物保护、重大活动保障、应急资源保障等重要专项工作而预先制定的涉及多个部门职责的工作方案，由有关部门牵头制订，报本级人民政府批准后印发实施。

部门应急预案是政府有关部门根据总体应急预案、专项应急预案和部门职责，为应对本部门（行业、领域）突发事件，或者针对重要目标物保护、重大活动保障、应急资源保障等涉及部门工作而预先制定的工作方案，由各级政府有关部门制定。

鼓励相邻、相近的地方人民政府及其有关部门联合制定应对区域性、流域性突发事件的联合应急预案。

第八条 总体应急预案主要规定突发事件应对的基本原则、组织体系、运行机制，以及应急保障的总体安排等，明确相关各方的职责和任务。

针对突发事件应对的专项和部门应急预案，不同层级的预案内容各有所侧重。国家层面专项和部门应急预案侧重明确突发事件的应对原则、组织指挥机制、预警分级和事件分级标准、信息报告要求、分级响应及响应行动、应急保障措施等，重点规范国家层面应对行动，同时体现政策性和指导性；省级专项和部门应急预案侧重明确突发事件的组织指挥机制、信息报告要求、分级响应及响应行动、队伍物资保障及调动程序、市县级政府职责等，重点规范省级层面应对行动，同时体现指导性；市县级专项和部门应急预案侧重明确突发事件的组织指挥机制、风险评估、监测预警、信息报告、应急处置措施、队伍物资保障及调动程序等内容，重点规范市（地）级和县级层面应对行动，体现应急处置的主体职能；乡镇街道专项和部门应急预案侧重明确突发事件的预警信息传播、组织先期处置和自救互救、信息收集报告、人员临时安置等内容，重点规范乡镇层面应对行动，体现先期处置特点。

针对重要基础设施、生命线工程等重要目标物保护的专项和部门应急预案，侧重明确风险隐患及防范措施、监测预警、信息报告、应急处置和紧急恢复等内容。

针对重大活动保障制定的专项和部门应急预案，侧重明确活动安全风险隐患及防范措施、监测预警、信息报告、应急处置、人员疏散撤离组织和路线等内容。

针对为突发事件应对工作提供队伍、物资、装备、资金等资源保障的专项和部门应急预案，侧重明确组织指挥机制、资源布局、不同种类和级别突发事件发生后的资源调用程序等内容。

联合应急预案侧重明确相邻、相近地方人民政府及其部门间信息通报、处置措施衔接、应急资源共享等应急联动机制。

第九条 单位和基层组织应急预案由机关、企业、事业单位、社会团体和居委会、村委会等法人和基层组织制定，侧重明确应急响应责任人、风险隐患监测、信息报告、预警响应、应急处置、人员疏散撤离组织和路线、可调用或可请求援助的应急资源情况及如何实施等，体现自救互救、信息报告和先期处置特点。

大型企业集团可根据相关标准规范和实际工作需要，参照国际惯例，建立本集团应急预案体系。

第十条 政府及其部门、有关单位和基层组织可根据应急预案，并针对突发事件现场处置工作灵活制定现场工作方案，侧重明确现场组织指挥机制、应急队伍分工、不同情况下的应对措施、应急装备保障和自我保障等内容。

第十一条 政府及其部门、有关单位和基层组织可结合本地区、本部门和本单位具体情况，编制应急预案操作手册，内容一般包括风险隐患分析、处置工作程序、响应措施、应急队伍和装备物资情况，以及相关单位联络人员和电话等。

第十二条 对预案应急响应是否分级、如何分级、如何界定分级响应措施等，由预案制定单位根据本地区、本部门和本单位的实际情况确定。

第三章 预案编制

第十三条 各级人民政府应当针对本行政区域多发易发突发事件、主要风险等，制定本级政府及其部门应急预案编制规划，并根据实际情况变化适时修订完善。

单位和基层组织可根据应对突发事件需要，制定本单位、本基层组织应急预案编制计划。

第十四条 应急预案编制部门和单位应组成预案编制工作小组，吸收预案涉及主要部门和单位业务相关人员、有关专家及有现场处置经验的人员参加。编制工作小组组长由应急预案编制部门或单位有关负责人担任。

第十五条 编制应急预案应当在开展风险评估和应急资源调查的基础上进行。

（一）风险评估。针对突发事件特点，识别事件的危害因素，分析事件可能产生的直接后果以及次生、衍生后果，评估各种后果的危害程度，提出控制风险、治理隐患的措施。

（二）应急资源调查。全面调查本地区、本单位第一时间可调用的应急队伍、装备、物资、场所等应急资源状况和合作区域内可请求援助的应急资源状况，必要时对本地居民应急资源情况进行调查，为制定应急响应措施提供依据。

第十六条 政府及其部门应急预案编制过程中应当广泛听取有关部门、单位和专家的意见，与相关的预案作好衔接。涉及其他单位职责的，应当书面征求相关单位意见。必要时，向社会公开征求意见。

单位和基层组织应急预案编制过程中，应根据法律、行政法规要求或实际需要，征求相关公民、法人或其他组织的意见。

第四章　审批、备案和公布

第十七条　预案编制工作小组或牵头单位应当将预案送审稿及各有关单位复函和意见采纳情况说明、编制工作说明等有关材料报送应急预案审批单位。因保密等原因需要发布应急预案简本的，应当将应急预案简本一起报送审批。

第十八条　应急预案审核内容主要包括预案是否符合有关法律、行政法规，是否与有关应急预案进行了衔接，各方面意见是否一致，主体内容是否完备，责任分工是否合理明确，应急响应级别设计是否合理，应对措施是否具体简明、管用可行等。必要时，应急预案审批单位可组织有关专家对应急预案进行评审。

第十九条　国家总体应急预案报国务院审批，以国务院名义印发；专项应急预案报国务院审批，以国务院办公厅名义印发；部门应急预案由部门有关会议审议决定，以部门名义印发，必要时，可以由国务院办公厅转发。

地方各级人民政府总体应急预案应当经本级人民政府常务会议审议，以本级人民政府名义印发；专项应急预案应当经本级人民政府审批，必要时经本级人民政府常务会议或专题会议审议，以本级人民政府办公厅（室）名义印发；部门应急预案应当经部门有关会议审议，以部门名义印发，必要时，可以由本级人民政府办公厅（室）转发。

单位和基层组织应急预案须经本单位或基层组织主要负责

人或分管负责人签发，审批方式根据实际情况确定。

第二十条 应急预案审批单位应当在应急预案印发后的20个工作日内依照下列规定向有关单位备案：

（一）地方人民政府总体应急预案报送上一级人民政府备案。

（二）地方人民政府专项应急预案抄送上一级人民政府有关主管部门备案。

（三）部门应急预案报送本级人民政府备案。

（四）涉及需要与所在地政府联合应急处置的中央单位应急预案，应当向所在地县级人民政府备案。

法律、行政法规另有规定的从其规定。

第二十一条 自然灾害、事故灾难、公共卫生类政府及其部门应急预案，应向社会公布。对确需保密的应急预案，按有关规定执行。

第五章　应急演练

第二十二条 应急预案编制单位应当建立应急演练制度，根据实际情况采取实战演练、桌面推演等方式，组织开展人员广泛参与、处置联动性强、形式多样、节约高效的应急演练。

专项应急预案、部门应急预案至少每3年进行一次应急演练。

地震、台风、洪涝、滑坡、山洪泥石流等自然灾害易发区域所在地政府，重要基础设施和城市供水、供电、供气、供热等生命线工程经营管理单位，矿山、建筑施工单位和易燃易爆物品、危险化学品、放射性物品等危险物品生产、经营、储运、使用单位，公共交通工具、公共场所和医院、学校等人员密集场所的经营单位或者管理单位等，应当有针对性地经常组织开展应急演练。

第二十三条　应急演练组织单位应当组织演练评估。评估的主要内容包括：演练的执行情况，预案的合理性与可操作性，指挥协调和应急联动情况，应急人员的处置情况，演练所用设备装备的适用性，对完善预案、应急准备、应急机制、应急措施等方面的意见和建议等。

鼓励委托第三方进行演练评估。

第六章　评估和修订

第二十四条　应急预案编制单位应当建立定期评估制度，分析评价预案内容的针对性、实用性和可操作性，实现应急预案的动态优化和科学规范管理。

第二十五条　有下列情形之一的，应当及时修订应急预案：

（一）有关法律、行政法规、规章、标准、上位预案中的有关规定发生变化的；

（二）应急指挥机构及其职责发生重大调整的；

（三）面临的风险发生重大变化的；

（四）重要应急资源发生重大变化的；

（五）预案中的其他重要信息发生变化的；

（六）在突发事件实际应对和应急演练中发现问题需要作出重大调整的；

（七）应急预案制定单位认为应当修订的其他情况。

第二十六条　应急预案修订涉及组织指挥体系与职责、应急处置程序、主要处置措施、突发事件分级标准等重要内容的，修订工作应参照本办法规定的预案编制、审批、备案、公布程序组织进行。仅涉及其他内容的，修订程序可根据情况适当简化。

第二十七条 各级政府及其部门、企事业单位、社会团体、公民等，可以向有关预案编制单位提出修订建议。

第七章 培训和宣传教育

第二十八条 应急预案编制单位应当通过编发培训材料、举办培训班、开展工作研讨等方式，对与应急预案实施密切相关的管理人员和专业救援人员等组织开展应急预案培训。

各级政府及其有关部门应将应急预案培训作为应急管理培训的重要内容，纳入领导干部培训、公务员培训、应急管理干部日常培训内容。

第二十九条 对需要公众广泛参与的非涉密的应急预案，编制单位应当充分利用互联网、广播、电视、报刊等多种媒体广泛宣传，制作通俗易懂、好记管用的宣传普及材料，向公众免费发放。

第八章 组织保障

第三十条 各级政府及其有关部门应对本行政区域、本行业（领域）应急预案管理工作加强指导和监督。国务院有关部门可根据需要编写应急预案编制指南，指导本行业（领域）应急预案编制工作。

第三十一条　各级政府及其有关部门、各有关单位要指定专门机构和人员负责相关具体工作，将应急预案规划、编制、审批、发布、演练、修订、培训、宣传教育等工作所需经费纳入预算统筹安排。

第九章　附　则

第三十二条　国务院有关部门、地方各级人民政府及其有关部门、大型企业集团等可根据实际情况，制定相关实施办法。

第三十三条　本办法由国务院办公厅负责解释。

第三十四条　本办法自印发之日起施行。

附 录

重庆市突发事件应对条例

重庆市人民代表大会常务委员会公告

〔2012〕9号

《重庆市突发事件应对条例》已于2012年3月23日经重庆市第三届人民代表大会常务委员会第30次会议通过，现予公布，自2012年7月1日起施行。

重庆市人民代表大会常务委员会

2012年3月23日

第一章 总 则

第一条 为了预防和减少突发事件，控制、减轻和消除突发事件引起的严重社会危害，规范突发事件应对活动，保护人民生命财产安全，维护国家安全、公共安全、环境安全和社会秩序，根据《中华人民共和国突发事件应对法》及有关法律、行政法规，结合本市实际，制定本条例。

第二条 本市行政区域内突发事件预防与应急准备、监测与预警、应急处置与救援、事后恢复与重建等活动，适用本条例。

第三条 突发事件应对工作坚持以人为本，预防为主、预防与应急相结合的原则，建立统一领导、综合协调、分类管理、分级负责、属地管理为主的应急管理体制。

第四条 市、区县（自治县）人民政府应当组织编制应急体系建设规划，并将其纳入国民经济和社会发展规划。

第五条 各级人民政府应当建立突发事件应对的社会动员机制、行政区域之间的应急联动机制和军地应急联动机制，提高突发事件的综合应对能力。

第六条 市、区县（自治县）人民政府及有关部门在作出重大决策、审批重大建设项目时，应当对决策事项和建设项目进行突发事件风险评估。

第七条 市、区县（自治县）人民政府应当建立突发事件信息公开制度，完善信息发布和新闻发言人制度，按照有关规定统一、准确、及时发布有关突发事件事态发展和应急处置工作的信息。

新闻媒体应当真实、客观、准确报道有关突发事件的信息。

任何单位和个人不得编造、传播有关突发事件的虚假信息。

第八条 市、区县（自治县）人民政府应当把突发事件应对工作经费纳入财政预算，保证应对突发事件的需要。

鼓励公民、法人和其他组织为应对突发事件工作提供资金和捐赠。

第九条 市、区县（自治县）人民政府应当将突发事件应对工作纳入有关部门和下级人民政府的年度工作考核。

市、区县（自治县）人民政府应当将突发事件应对纳入干部培训内容。

第二章　应急组织体制

第十条　市、区县（自治县）人民政府是本行政区域内突发事件应对工作的行政领导机关。市、区县（自治县）人民政府设立突发事件应急委员会，统一领导、协调本行政区域内的突发事件应对工作。

市、区县（自治县）人民政府根据需要设立专项应急指挥机构，负责组织、协调、指挥相关类别的突发事件应对工作。

市、区县（自治县）人民政府应急管理办公室是本级突发事件应急委员会的办事机构，负责突发事件应急委员会日常工作。

第十一条　市、区县（自治县）人民政府有关主管部门在本级人民政府及其突发事件应急委员会的领导下，依据职责负责突发事件的应对工作，指导、协助下级人民政府及其相应部门做好有关突发事件的应对工作。

乡（镇）人民政府、街道办事处应当配备专职或兼职工作人员，做好突发事件应对工作。

第十二条　村民委员会、居民委员会、企业事业单位和其他社会组织，根据需要成立应急工作机构，承担本地区、本单位的突发事件应对工作。

第三章　预防与应急准备

第十三条　本市根据国家规定建立健全突发事件应急预案体系。

市、区县（自治县）人民政府负责制定本行政区域的总体应急预案和专项应急预案。市、区县（自治县）人民政府有关部门按照本级人民政府的规定制定本级部门应急预案。乡（镇）人民政府、街道办事处负责制定本辖区的综合应急预案和专项应急预案。村民委员会、居民委员会在所在地人民政府的指导下，制定相关应急预案。

机关、团体和企业事业单位应当根据有关法律、法规或者市、区县（自治县）人民政府的规定制定本单位应急预案。

大型社会活动主办者，公共交通工具、公共场所和其他人员密集场所的管理者或者经营者，危险区域、危险源的管理者，应当按照国家和本市有关要求制定具体的安全保障应急预案。

第十四条 市、区县（自治县）人民政府及其有关部门、乡（镇）人民政府、街道办事处、公安机关派出机构、村民委员会、居民委员会和企业事业单位应当建立矛盾纠纷排查调解处理制度，对排查出的可能引发社会安全事件的矛盾纠纷以及因突发事件产生的民事纠纷要及时进行调解处理。

第十五条 市、区县（自治县）人民政府依托公安消防部队、驻地中国人民解放军和武装警察部队、民兵预备役部队以及其他应急力量，组建综合应急救援队伍。

市、区县（自治县）人民政府有关部门应当根据实际需要建立专业应急救援队伍。

乡镇人民政府、街道办事处、村民委员会和居民委员会依托民兵预备役人员以及其他应急力量建立应急救援队伍。

交通、通讯、电力、供水、供气、医疗和其他提供公共服务的企业事业单位应当建立以本单位职工为主体的应急救援队伍。高危行业企业应当建立专职或者兼职的应急救援队伍。

第十六条 市、区县（自治县）人民政府及其有关部门、乡（镇）人民政府、街道办事处、有关企业事业单位应当加强对应急救援队伍的培训，按照应急预案组织开展应急演练。

乡（镇）人民政府、街道办事处应当组织社会公众开展应急演练。

机关、企事业单位应当组织本单位人员开展应急演练。

各级各类学校应当定期组织学生进行应急疏散等训练。

第十七条　市、区县（自治县）人民政府可以依托共青团、红十字会等群团组织招募应急服务志愿者，建立成年志愿者应急救援队伍。

应急服务志愿者和志愿者应急救援队伍在各级人民政府及其有关部门的指导下开展培训、演练等活动，参与应急救援。

第十八条　市、区县（自治县）人民政府应当建立突发事件应对专业人才库，聘请有关专家组成专家组，为突发事件应对工作提供专业支持。

第十九条　市、区县（自治县）人民政府及其有关部门、有关单位应当为专业应急救援人员购买人身意外伤害保险。

鼓励和支持保险机构开展产品和服务创新，为处置突发事件提供保险服务。鼓励社会公众参与商业保险和参加互助保险，建立风险分担机制。

第二十条　城乡规划应当符合应对突发事件的需要，不符合突发事件应对需要的，应当依照法定程序予以修改。

已有建筑物、构筑物和其他设施不符合突发事件应对需要的，市、区县（自治县）人民政府应当采取必要的改进措施，并制定改造计划，逐步组织实施。

第二十一条　市、区县（自治县）人民政府应当利用现有公园、绿地、广场、学校操场、建筑物、人民防空工程和疏散基地等，合理规划建设应急避难场所。应急避难场所应当设置标志、标识，制定疏散预案，并向社会公布。

应急避难场所管理单位应当加强应急避难场所的管理和维护，保证应急避难作用正常发挥。

第二十二条 市、区县（自治县）人民政府应当按照国家要求建立综合应急平台，形成连接各地区和各专业应急指挥机构的统一高效的应急平台体系。

应急平台系统应当具备突发事件的监测监控、预测预警、信息报告、综合研判、辅助决策、指挥调度、异地会商、事后评估等功能。

应急平台建设应当充分利用现有专业系统资源，实现互联互通和信息共享，避免重复建设。

第二十三条 市、区县（自治县）人民政府应当建立健全应急物资储备和保障制度，统筹各类应急物资储备、生产、调配和供应，建立跨区域的应急物资调剂、供应机制。

市、区县（自治县）人民政府有关部门应当按照职责，组织、协调应急物资储备工作，建设应急物资储备库，完善重要应急物资的监管、生产、储备、调拨和紧急配送体系。

各级人民政府应当鼓励和引导村民委员会、居民委员会、企事业单位、社会团体和家庭储备应急救援和自救物资。

第二十四条 市人民政府应当结合区域性中心城市建设，建立若干区域性应急中心。区域性应急中心按照市人民政府的指令，参与一定区域范围内的突发事件应急救援工作。

区域性应急中心应当具备与区域性应急救援相适应的设施、装备、物资储备、救援能力、检测检验能力。

第四章　监测与预警

第二十五条 市、区县（自治县）人民政府应当依托应急平台体系，建立统一的突发事件信息报送系统，形成突发事件信息报送快速反应机制和舆情收集、分析机制。各级人民政府应当及时向上级人民政府报送突发事件信息。较大以上突发事件发生后，区县（自治县）人民政府应当在一小时内将突发事件信息上报市人民政府。

第二十六条　公民、法人或者其他组织获悉突发事件信息，应当立即通过报警电话等各种渠道向当地人民政府、有关主管部门或者专业机构报告。市人民政府应当建立突发事件报警电话、紧急求助电话、政府公开电话联动机制，方便公众报告突发事件信息。

第二十七条　预警信息实行统一发布制度。

一级、二级预警信息，由市人民政府或者市人民政府授权有关部门发布；三级、四级预警信息由区县（自治县）人民政府或者区县（自治县）人民政府授权有关部门发布，报市人民政府备案。

第二十八条　预警信息的发布内容包括突发事件的类别、预警级别、可能影响范围、警示事项、应当采取的措施和发布机关等。

发布预警信息，可以通过广播、电视、报刊、互联网、手机短信、户外终端显示设备、警报器、宣传车、传单或者逐户通知等方式发布预警信息。对老、幼、病、残等特殊人群和通信、广播、电视盲区以及偏远地区的人群，应当采取足以使其知悉的有效方式发布预警信息。

第二十九条　各级人民政府及其有关部门接到预警信息后，应当按照有关规定采取有效措施做好防御工作，避免或者减轻突发事件造成或者可能造成的损害。

企事业单位、社会团体、公民接到预警信息后，应当配合政府及其有关部门做好突发事件应对工作。

第三十条 发布突发事件预警信息的人民政府或其授权的部门应当根据事态的发展，按照有关规定适时调整预警级别并重新发布。

有事实证明不可能发生突发事件或者危险已经解除的，发布预警信息的人民政府或其授权的部门应当立即宣布终止预警，并解除已经采取的有关措施。

第五章 应急处置与救援

第三十一条 重大、特别重大的突发事件或者跨区县（自治县）的突发事件的应急处置工作，由市人民政府统一领导，市人民政府有关部门或者相应的专项应急指挥机构负责具体处置，有关区县（自治县）人民政府应当协助、配合并作好先期处置工作。其他突发事件的应急处置由事发地区县（自治县）人民政府负责统一领导，区县（自治县）人民政府有关部门或者相应的专项应急指挥机构负责具体处置，市人民政府有关部门和相应的市专项应急指挥机构负责指导、协助处置。

跨区县（自治县）的较大、一般突发事件处置，市人民政府可以指定区县（自治县）人民政府统一领导，其他有关区县（自治县）人民政府协助处置。

有事实表明一般、较大的突发事件可能演化为重大、特别重大的突发事件，区县（自治县）人民政府认为本级难以控制应对的，应当立即报告市人民政府，由市人民政府统一领导处置。

第三十二条 突发事件发生后，履行统一领导职责的人民政府应当立即启动应急预案，针对突发事件的性质、特点和危害程度，组织有关部门、调动应急救援队伍和社会力量进行处置。公民、法人和其他组织应当服从人民政府的决定、命令、指挥和安排，积极配合实施应急处置措施。

第三十三条 突发事件发生后，履行统一领导职责的人民政府根据需要设立现场应急处置指挥部，指定现场指挥长。

现场指挥长具体组织、指挥现场应急救援工作，决定现场处置方案，调度现场应急救援队伍。有关部门、单位、社会公众应当服从和配合现场指挥长的指挥。

第三十四条 突发事件应急处置坚持人员救助优先。制定现场处置方案应当优先考虑受突发事件危害人员的救助，在实施应急处置过程中应当充分保障受突发事件危害的群众和参与应急救援的人员生命安全。

第三十五条 突发事件发生后，市、区县（自治县）人民政府或者专项应急指挥部应当组织协调运输经营单位，优先运送处置突发事件所需物资、设备、工具、应急救援人员和受到突发事件危害的人员。配有应急标志的交通工具在应急处置与救援期间优先通行。有关通信运营单位应当采取措施，保障应急指挥通信畅通。

第三十六条 受到自然灾害危害或者发生事故灾难、公共卫生事件的单位，应当按照规定立即报告，并立即启动本单位的应急预案，组织人员开展自救互救，撤离危险区域，控制危险源，封锁现场或者危险场所，并采取措施防止危害扩大。

第三十七条 发生严重危害社会治安秩序的事件时，公安机关应当依法出动警力，并依法采取相应的强制性措施，迅速平息事态，恢复正常社会秩序。

发生前款规定的事件，事件当事人所在单位的负责人，以及引发事件单位的负责人，应当按照人民政府及其有关部门的要求，及时到达现场，配合做好现场处置工作。

第三十八条 市、区县（自治县）人民政府及其有关部门依法实施应急征用，应当向被征用的单位或者个人签发应急征用令并做好登记造册工作。应急征用令由履行统一领导职责的人民政府或者现场指挥长签发。

被征用的财产使用后，实施征用的人民政府或者有关部门应当及时返还。财产被征用或者征用后毁损、灭失的，实施征用的人民政府或者有关部门应当给予补偿。

企业事业单位、有关社会团体按照市、区县（自治县）人民政府的要求或者应突发事件影响单位的请求参与应急救援的，其因救援活动产生的物资、装备损耗由受援单位或者人民政府给予补偿。

第六章　事后恢复与重建

第三十九条 突发事件的威胁和危害得到控制或者消除后，有关人民政府应当立即组织相关部门和单位，尽快恢复受影响地区的生活、生产和社会治安秩序，开展救助、救治、康复、补偿、抚慰、抚恤、安置、心理干预等善后工作，并妥善解决有关矛盾和纠纷。

第四十条 市、区县（自治县）人民政府应当组织编制恢复重建规划，落实恢复重建资金、物资、技术保障和政策扶持。

审计、监察等部门应当加强对拨付资金、物资以及社会捐赠款物使用情况的监督。

第四十一条 受突发事件影响的群众确需安置的，有关人民政府应当采取就地安置与异地安置、政府安置与自主安置相结合的方式，对受灾人员进行安置。对群众自主安置的，有关人民政府应当根据实际提供必要的帮助。

第四十二条　公民参加应急救援工作或者协助维护社会秩序期间，其在本单位的工资待遇和福利不得降低和减少。没有工作单位的，由所在地区县（自治县）人民政府给予补贴。

第四十三条　市、区县（自治县）人民政府及其有关部门应当将突发事件损失情况及时向保险监督机构和保险服务机构通报，协助做好理赔工作。

第七章　法律责任

第四十四条　市和区县（自治县）人民政府及其有关部门、乡（镇）人民政府、街道办事处违反本条例规定，有下列情形之一的，由上级行政机关或者监察机关责令改正，情节严重的，对直接负责的主管人员和其他直接责任人员依法给予处分：

（一）未按照规定制定应急预案的；

（二）未按照规定组建应急救援队伍或者组织开展应急演练的；

（三）在现场应急救援工作中拒绝或者拖延执行现场处置指挥部做出的有关应急处置措施指令的；

（四）在突发事件应对工作中不履行有关法律、法规和本条例规定的其他职责的。

第四十五条　有关单位违反本条例规定，有下列情形之一的，由市或者区县（自治县）人民政府或者应急管理办公室责令改正，根据情节，可以处以2万元以下的罚款；属于机关、事业单位的，对直接负责的主管人员和其他直接责任人员依法给予处分：

（一）机关、团体和企业事业单位不按照有关法律、法规或者市、区县（自治县）人民政府的规定制定本单位应急预案的；

（二）大型社会活动主办者，公共交通工具、公共场所和其他人员密集场所的管理者或者经营者，危险区域、危险源的管理者，不按照国家和本市有关要求制定具体的安全保障应急预案的；

（三）发生严重危害社会治安秩序的事件时，事件当事人所在单位的负责人，以及引发事件单位的负责人，不按照人民政府及其有关部门的要求配合做好现场处置工作的。

第八章　附　则

第四十六条　本条例自 2012 年 7 月 1 日起施行。

广东省突发事件应对条例

(2010 年 6 月 2 日广东省第十一届人民代表大会常
务委员会第十九次会议通过)

第一章 总 则

第一条 为了预防和减少突发事件的发生，控制、减轻和
消除突发事件引起的社会危害，规范突发事件应对活动，保护
人民生命财产安全，维护国家安全、公共安全、环境安全和社
会秩序，依据《中华人民共和国突发事件应对法》及有关法律、
行政法规的规定，制定本条例。

第二条 本条例适用于本省行政区域内突发事件的预防与
应急准备、监测与预警、应急处置与救援、事后恢复与重建、
评估与考核等活动。

本条例所称突发事件，是指突然发生，造成或者可能造成
严重社会危害，需要采取应急处置措施予以应对的自然灾害、
事故灾难、公共卫生事件和社会安全事件。

第三条 县级以上人民政府是所辖行政区域内突发事件应
对工作的行政领导机关。上级人民政府应当对下级人民政府应
急管理工作进行指导，必要时可派出工作组。

中央直属驻粤有关单位应当依照法定职责，根据履行统一
领导职责或者组织处置突发事件的人民政府的要求，予以配合
和支持。

法律、行政法规规定由国务院有关部门对突发事件的应对
工作负责的，县级以上人民政府应当予以配合和支持。

第四条　县级以上人民政府应当设立突发事件应急委员会，统一领导、综合协调本级人民政府有关部门和下级人民政府开展突发事件应对工作。突发事件应急委员会主任由本级人民政府主要负责人担任，相关部门、驻地解放军、武装警察部队和中央直属驻粤有关单位的主要负责人为成员。

各级突发事件应急委员会根据工作需要，设立专项应急指挥机构，按类别组织、协调和指挥同类别突发事件应对工作。专项应急指挥机构接受本级突发事件应急委员会的领导。

第五条　县级以上人民政府设立的应急管理办公室，负责本级突发事件应急委员会日常工作。

有关部门应当加强专业应急指挥机构建设。省突发事件专项应急指挥机构、突发事件应急委员会成员单位应当设立应急管理办事机构，配备专职工作人员。

乡级人民政府、街道办事处可以根据需要设立或者确定应急管理办事机构，建立健全二十四小时值班制度。

第六条　各级突发事件应急委员会及其成员单位、专项应急指挥机构应当根据需要成立应急管理专家组，建立健全专家决策咨询制度。

第七条　县级以上人民政府应当组织编制应急体系建设规划，并将其纳入国民经济和社会发展规划。

第八条　县级以上人民政府应当把突发事件应对工作所需经费列入财政预算，各级财政的预备费应当优先保证应对突发事件的需要。

第九条　省人民政府应当采取扶持政策和优惠措施，鼓励和支持高等院校、科研院所和相关机构等开展公共安全技术理论研究，开发用于突发事件预防、监测、预警、应急处置与救援的新技术、新设备和新工具，促进应急管理教学科研一体化。

第十条 县级以上人民政府及其有关部门应当加强应急管理区域合作，建立健全应急管理联动机制。

第二章 预防与应急准备

第十一条 本省根据国家规定建立健全突发事件应急预案体系，完善应急预案管理办法。

省人民政府负责统筹各级、各类应急预案，加强对应急预案的管理。

第十二条 省人民政府负责制定省总体应急预案，组织制定省专项应急预案，省人民政府有关部门负责制定本部门省级应急预案。

市、县人民政府参照省制定预案的做法，制定相应的应急预案；乡级人民政府、街道办事处结合本行政区域实际，制定应急预案；居民委员会、村民委员会在所在地人民政府的指导下，制定相关应急预案。

企业事业单位根据有关法律、法规、规章制定本单位应急预案；重大活动主办单位、公共场所经营或者管理单位根据有关法律、法规、规章制定具体应急预案。

应急预案制订单位应当根据应急预案制定应急操作规程。

第十三条 应急预案应当结合实际情况适时修改、完善，保障其可操作性。

乡级人民政府、街道办事处、居民委员会、村民委员会的应急预案每两年至少研究修改一次，其他应急预案每三年至少研究修改一次。

第十四条 县级人民政府及其有关部门、乡级人民政府、街道办事处、居民委员会、村民委员会应当及时调解处理可能引发社会安全事件的矛盾纠纷。

第十五条　所有单位应当建立健全安全管理制度，定期检查本单位各项安全防范措施的落实情况，及时消除事故隐患；掌握并及时处理本单位存在的可能引发社会安全事件的问题，防止矛盾激化和事态扩大；对本单位可能发生的突发事件和采取安全防范措施的情况，应当按照规定及时向所在地人民政府或者人民政府有关部门报告。

第十六条　县级以上人民政府应当加强专业应急救援队伍建设，必要时可以依托本地消防队伍建立综合性应急救援队伍。

交通、通讯、电力、供水、供气、医疗和其他提供公共服务的企业事业单位应当建立以本单位职工为主体的应急救援队伍。高危行业企业应当建立专职或者兼职的应急救援队伍。

应急救援队伍应当具备专业的应急救援知识和技能，配备先进和充足的装备，提高救援能力。

第十七条　县级以上人民政府设立的突发事件应急委员会以及专项应急组织机构应当加强对应急救援队伍的培训，按照应急预案组织开展应急演练。

县级以上人民政府及其有关部门应当开展面向社会的公共安全知识宣传、普及、教育活动，增强全民的公共安全和社会责任意识，提高全社会防灾减灾意识和预防、避险、自救、互救等能力，发挥公民、法人和其他组织应对突发事件的作用。

乡级人民政府、街道办事处和其他机关、企业事业单位应当组织社会公众和本单位人员开展应急演练和应急知识普及活动。

第十八条　县级以上人民政府应当建立应急志愿者服务工

作联席会议制度，负责统筹、协调和指导应急志愿者队伍的招募、培训、演练、参与应急救援等活动。具体办法由省人民政府自本条例实施之日起一年内制定。

第十九条　县级以上人民政府及其有关部门应当建立行政决策和应急管理工作决策的风险分析制度。上级行政机关要求下级行政机关提供重大决策事项、重大建设项目等风险分析报告的，下级行政机关应当提供。

县级以上突发事件应急委员会应当建立公共安全形势分析会议制度，由主要负责人主持会议，定期对公共安全形势进行分析，提出应对的建议和对策。

第二十条　县级以上人民政府应当组织有关部门定期对危险源、危险区域进行排查、登记。下级人民政府应当将危险源、危险区域的风险隐患排查情况报上一级人民政府备案，并按照国家规定及时向社会公布。

有关部门和单位应当采取安全防范措施，定期对危险源、危险区域进行风险评估和隐患排查。

县级以上人民政府应当建立危险源、危险区域的信息数据库，定期更新并分析相关的信息数据。

第二十一条　省人民政府负责建立全省应急平台体系和统一的数据库；县级以上人民政府应当建立本行政区域应急平台和统一的数据库，并纳入全省应急平台体系。

全省应急平台体系承担突发事件的监测监控、预测预警、信息报告、综合研判、辅助决策、指挥调度、异地会商、事后评估等功能。

第二十二条　县级以上人民政府应当将应急避护场所建设纳入本级城乡建设规划，统筹安排应对突发事件所需的设备和基础设施建设。

县级以上人民政府应当明确应急避护场所的管理单位，在应急避护场所设置统一、规范的明显标志，储备必要的物资，提供必要的医疗条件。

应急避护场所管理单位应当加强对应急避护场所的维护和管理，保证其正常使用。

第二十三条 本省按照统筹规划、分级负责、统一调配、资源共享的原则，建立省、市、县三级应急物资保障系统，完善重要应急物资的监管、生产、储备、更新、调拨和紧急配送体系，并根据不同区域突发事件的特点，分部门、分区域布局省级应急物资储备。

县级以上人民政府建立应急物资储备运输工作联席会议制度，日常工作由经信部门负责。

第二十四条 发展改革、经信、民政等部门按照各自职责负责储备重要物资及基本生活物资。专业应急部门负责储备本部门处置突发事件所需的专业应急物资和装备。

县级以上人民政府有关部门储备应急物资应当征求本级人民政府应急管理办公室意见。各地、各有关部门物资储备情况应报上一级人民政府应急管理办公室或者同级人民政府应急管理办公室备案。

县级以上人民政府应当鼓励和引导社区、企业事业单位和家庭储备基本的应急自救物资和生活必需品。

第二十五条 鼓励公民、法人和其他组织为突发事件应对工作提供物资、资金、技术支持和捐赠。

民政部门、红十字会向社会公开募集、接收突发事件应急处置所需要的物资、资金和技术支持。

县级以上人民政府应当定期向社会公布捐赠款物等的来源、数量、发放和使用情况，并邀请捐赠代表参与监督。

县级以上人民政府应当组织监察、审计部门对捐赠款物的拨付和使用等情况进行监察和审计，并及时向社会公开监察和审计结果。

第二十六条　鼓励保险公司开展产品和服务创新，为处置突发事件提供保险服务。鼓励社会公众参与商业保险和参加互助保险，建立风险分担机制。

第二十七条　新闻媒体应当按照相关规定对突发事件进行及时、客观、真实的报道，无偿开展突发事件预防与应急、自救互救知识的公益宣传。

第三章　监测与预警

第二十八条　县级以上人民政府应当依托应急平台体系，建立统一的突发事件信息报送系统，形成突发事件信息报送快速反应机制和舆情收集、分析机制。

各级人民政府应当及时向上级人民政府报送突发事件信息。较大以上突发事件发生后，地级以上市人民政府应当在两小时内将突发事件信息上报省人民政府，并向相关市人民政府通报。

敏感性突发事件信息，不受突发事件分级标准限制，发生地的人民政府应当立即上报省人民政府。

第二十九条　县级以上人民政府应当建立突发事件信息报告员制度，聘请新闻媒体记者，乡级人民政府、街道办事处、居民委员会、村民委员会工作人员，派出所民警，社区（乡镇）卫生院医生，企业安全员，学校负责安全保卫的教职工等担任突发事件信息报告员。

公民、法人或者其他组织获悉突发事件信息，应当立即通过报警电话等各种渠道向当地人民政府、有关主管部门或者指定的专业机构报告。

第三十条　县级以上人民政府及其有关部门应当建立健全突发事件监测体系，配备必要的设备和设施以及专职或者兼职人员，对可能发生的突发事件进行监测。

第三十一条　能够预警的突发事件即将发生或者发生的可能性增大时，县级以上人民政府应当向社会公开发布相应级别的警报，决定并宣布相关地区进入预警期，同时向上一级人民政府报告，必要时可以越级上报，并向当地驻军和可能受到危害的毗邻或者相关的县级以上人民政府通报。

第三十二条　本省通过省突发事件预警信息发布系统统一发布突发事件预警信息。

二级以上预警信息，由省人民政府应急管理办公室根据省人民政府授权负责发布；三级预警信息，由各地级以上市人民政府应急管理办公室根据本级人民政府授权负责发布；四级预警信息由县级人民政府应急管理办公室根据本级人民政府授权负责发布。

县级以上人民政府有关单位启动应急响应后根据需要和相关规定发布专项预警信息。

县级以上人民政府应当利用广播、电视、报刊、互联网、手机短信、电子显示屏、有线广播、宣传车等，采用公开播送、派发传单、逐户通知等方式发布预警信息。对老、幼、病、残等特殊人群和通信、广播、电视盲区以及偏远地区的人群，应当采取足以使其知悉的有效方式发布预警信息。

第三十三条　各级人民政府及其有关部门接到预警信息后，

应当按照有关规定采取有效措施做好防御工作，避免或者减轻突发事件造成或者可能造成的损害。

企事业单位、社会团体、公民接到预警信息后，应当配合政府及其有关部门做好突发事件应对工作。

第三十四条 发布突发事件预警信息的人民政府应当根据事态的发展，按照有关规定适时调整预警级别，及时更新发布预警信息。

上级人民政府认为下级人民政府发布的预警信息不恰当的，应当责令下级人民政府改正或者直接发布有关预警信息。

有事实证明不可能发生突发事件或者危险已经解除的，发布预警信息的人民政府应当立即在原公布范围内宣布解除警报，终止预警期，并解除已经采取的有关措施。

第四章　应急处置与救援

第三十五条 突发事件发生后，县级以上人民政府及其有关部门应当立即启动应急响应，针对突发事件的性质、特点和危害程度，组织有关部门，调动应急救援队伍和社会力量，依照法律、法规、规章规定的应急措施进行处置。

突发事件发生后，事发地县级人民政府应当立即采取措施控制事态发展，组织开展应急救援和处置工作，并立即向上一级人民政府报告。事发地县级人民政府不能消除或者不能有效控制突发事件引起的严重社会危害的，应当在采取先期处置措施的同时，报请上一级人民政府组织处置。

突发事件由上级人民政府统一领导和组织处置的，事发地人民政府应当做好先期处置和协助善后工作。

第三十六条 突发事件应急处置工作实行现场指挥官制度。

履行统一领导职责或者组织处置突发事件的人民政府应当根据应急处置工作的需要设立现场指挥部，派出或者指定现场指挥官，统一组织、指挥现场应急救援工作。

现场指挥官有权决定现场处置方案，协调有关单位和部门的现场应急处置工作，调度现场应急救援队伍。各有关部门、单位、公众应当服从和配合现场指挥官的指挥。

第三十七条　县级以上人民政府依法实施应急征用，应当向被征用的单位或者个人签发应急处置征用令并做好登记造册工作。征用令包括征用单位名称、地址、联系办法、执行人员姓名、征用用途、征用时间以及征用财产的名称、数量、型号等内容。被征用的单位或者个人拒不执行应急处置征用令的，征用执行人员在情况紧迫并且没有其他替代方式时可以强制征用。

被征用的财产使用后，实施征用的人民政府应当返还被征用人。单位、个人的财产被征用或者征用后毁损、灭失的，实施征用的人民政府应当按照国家和省的有关规定给予补偿。

第三十八条　救灾物资的紧急采购由采购单位自行组织，各级集中采购代理机构协助配合。符合相应资格条件的供应商有两家以上的，按照符合采购需求、质量和服务相等且报价最低的原则确定成交供应商，只有一家供应商的，可以直接确定其为应急采购的供应商。

监察、财政、物价部门应当派员监督救灾物资的紧急采购。

第三十九条　省人民政府应当建立和完善全省应急交通运输综合协调机制。铁路、公路、水运、航空部门应当确保救援人员和受到突发事件危害的人员、救援物资、救援设备优先运输。

处置突发事件期间，配备由省人民政府制发的应急标志的应急处置工作人员和交通工具可以优先通行。突发事件的威胁和危害得到控制或者消除后，有关部门应当及时收回应急标志。

第四十条 县级以上人民政府在突发事件发生后，应当加强价格监管，从严惩处囤积居奇、哄抬物价和制假售假等扰乱市场秩序的行为，稳定市场价格，维护市场秩序。

第四十一条 县级以上人民政府及其财政部门在突发事件发生后应当简化财政资金的审批和划拨程序，保障应急处置所需资金。

第四十二条 履行统一领导职责或者组织处置突发事件的人民政府应当及时向受到突发事件危害的人员提供食品、饮用水、医疗和住所等基本生活保障。在灾民临时安置场所设立基本生活保障和心理干预服务站点，配备必要的公众信息传播设施。

第四十三条 县级以上人民政府根据有关法律、法规、规章，建立健全突发事件信息公开制度和新闻发言人制度。

履行统一领导职责或者组织处置突发事件的人民政府，应当按照国家规定的权限准确、及时发布有关突发事件事态发展和应急处置工作的信息。

任何单位和个人不得编造、传播有关突发事件事态发展或者应急处置工作的虚假信息。

第五章 事后恢复与重建

第四十四条 突发事件发生地或者受影响地的县级以上人民政府应当组织编制恢复重建规划，制定救助、救治、康复、补偿、抚慰、抚恤、安置和心理干预等善后工作计划，有序开展恢复重建工作。

第四十五条　突发事件的威胁和危害得到基本控制或者消除后，宣布启动应急响应的人民政府应当及时宣布结束应急响应，停止执行应急处置措施，同时采取或者继续实施疫病防治、疫情或者灾害监控、污染治理、宣传疏导以及心理危机干预等必要措施，防止发生自然灾害、事故灾难、公共卫生事件的次生、衍生事件，防止重新引发社会安全事件。

第四十六条　履行统一领导职责或者组织处置突发事件的人民政府应当尽快组织修复被损坏的通信、交通、供电、供水、供气和医疗等公共设施。

第四十七条　履行统一领导职责或者组织处置突发事件的人民政府采取突发事件应对措施，对公民、法人和其他组织造成财产损失的，应当给予补偿。具体办法由省人民政府自本条例实施之日起一年内制定。

第四十八条　突发事件发生地受灾人员需要过渡性安置的，履行统一领导职责或者组织处置突发事件的人民政府应当根据突发事件发生地的实际情况，做好安置工作。

过渡性安置点的规模应当适度，并应当设置在交通便利、方便受灾人员恢复生产和生活的区域。

履行统一领导职责或者组织处置突发事件的人民政府应当在过渡性安置点采取相应的防灾、防疫措施，建设必要的配套基础设施和公共服务设施，保障受灾人员的安全和基本生活需要。

第四十九条　突发事件发生地的公民应当服从人民政府、居民委员会、村民委员会或者所属单位的指挥和安排，配合人民政府采取的应急处置措施，积极参加应急救援、事后恢复与重建工作。

第五十条 突发事件对事发地经济社会造成严重影响的，县级以上人民政府应当根据损失评估情况和有关规定，依法给予费用减免、财政资助等政策扶持，组织提供物资和人力等支持。

第六章 评估与考核

第五十一条 县级以上人民政府应当将突发事件防范和应对工作纳入行政机关主要负责人和有关负责人年度绩效考核范围，建立应急管理工作相关指标体系，健全责任追究制度。具体办法由省人民政府自本条例实施之日起一年内制定。

第五十二条 应急响应结束后，突发事件发生地和受影响地的县级人民政府应当组织对突发事件应对工作进行调查评估，并向本级人民代表大会常务委员会和上一级人民政府报告。发生较大以上突发事件的，负责处置工作的地级以上市人民政府或者有关应急指挥机构应当将调查评估情况报告省人民政府。

第五十三条 县级以上人民代表大会常务委员会应当加强对本级人民政府及其有关部门执行有关应急管理法律、法规、规章的监督检查。

第五十四条 上级人民政府应当对下级人民政府应急管理工作进行专项监督检查和考核。

第七章 法律责任

第五十五条 对违反本条例的行为，法律、法规已经规定法律责任的，依照法律、法规的规定处理。

第五十六条 地方各级人民政府和县级以上各级人民政府

有关部门违反本条例规定，有下列情形之一的，由上级行政机关或者监察机关对其直接负责的主管人员和其他直接责任人员给予记过或者记大过处分；情节较重的，给予降级或者撤职处分；情节严重的，给予开除处分；构成犯罪的，依法追究刑事责任：

（一）拒绝或者拖延执行所在行政机关或者上级行政机关有关应对突发事件的决定、命令的；

（二）迟报、谎报、瞒报、漏报突发事件信息的；

（三）玩忽职守导致突发事件发生或者危害扩大的；

（四）截留、挪用、私分或者变相私分应急专项资金、物资的；

（五）突发事件发生后采取违法手段歪曲、掩盖事实逃避法律追究，或者包庇对突发事件负有责任的单位或者个人的。

第八章　附　　则

第五十七条　预防和处置突发事件涉及事项，法律、法规没有规定的，省人民政府可以作出规定。

第五十八条　其他省、自治区、直辖市发生突发事件时，根据国务院要求或者实际需要，由省人民政府统一部署，组织参与应急处置与救援、灾后恢复与重建工作。国务院及其组成部门直接指令本省人民政府有关部门参与突发事件应对工作的，接收指令的部门应当及时报告省人民政府。

第五十九条　本条例自 2010 年 7 月 1 日起施行。

交通运输突发事件应急管理规定

中华人民共和国交通运输部令

2011 年第 9 号

《交通运输突发事件应急管理规定》已于 2011 年 9 月 22 日经第 10 次部务会议通过，现予公布，自 2012 年 1 月 1 日起施行。

交通运输部部长

二〇一一年十一月十四日

第一章　总　则

第一条　为规范交通运输突发事件应对活动，控制、减轻和消除突发事件引起的危害，根据《中华人民共和国突发事件应对法》和有关法律、行政法规，制定本规定。

第二条　交通运输突发事件的应急准备、监测与预警、应急处置、终止与善后等活动，适用本规定。

本规定所称交通运输突发事件，是指突然发生，造成或者可能造成交通运输设施毁损，交通运输中断、阻塞，重大船舶污染及海上溢油应急处置等，需要采取应急处置措施，疏散或者救援人员，提供应急运输保障的自然灾害、事故灾难、公共卫生事件和社会安全事件。

第三条 国务院交通运输主管部门主管全国交通运输突发事件应急管理工作。

县级以上各级交通运输主管部门按照职责分工负责本辖区内交通运输突发事件应急管理工作。

第四条 交通运输突发事件应对活动应当遵循属地管理原则，在各级地方人民政府的统一领导下，建立分级负责、分类管理、协调联动的交通运输应急管理体制。

第五条 县级以上各级交通运输主管部门应当会同有关部门建立应急联动协作机制，共同加强交通运输突发事件应急管理工作。

第二章　应急准备

第六条 国务院交通运输主管部门负责编制并发布国家交通运输应急保障体系建设规划，统筹规划、建设国家级交通运输突发事件应急队伍、应急装备和应急物资保障基地，储备应急运力，相关内容纳入国家应急保障体系规划。

各省、自治区、直辖市交通运输主管部门负责编制并发布地方交通运输应急保障体系建设规划，统筹规划、建设本辖区应急队伍、应急装备和应急物资保障基地，储备应急运力，相关内容纳入地方应急保障体系规划。

第七条　国务院交通运输主管部门应当根据国家突发事件总体应急预案和相关专项应急预案，制定交通运输突发事件部门应急预案。

县级以上各级交通运输主管部门应当根据本级地方人民政府和上级交通运输主管部门制定的相关突发事件应急预案，制定本部门交通运输突发事件应急预案。

交通运输企业应当按照所在地交通运输主管部门制定的交通运输突发事件应急预案，制定本单位交通运输突发事件应急预案。

第八条　应急预案应当根据有关法律、法规的规定，针对交通运输突发事件的性质、特点、社会危害程度以及可能需要提供的交通运输应急保障措施，明确应急管理的组织指挥体系与职责、监测与预警、处置程序、应急保障措施、恢复与重建、培训与演练等具体内容。

第九条　应急预案的制定、修订程序应当符合国家相关规定。应急预案涉及其他相关部门职能的，在制定过程中应当征求各相关部门的意见。

第十条　交通运输主管部门制定的应急预案应当与本级人民政府及上级交通运输主管部门制定的相关应急预案衔接一致。

第十一条　交通运输主管部门制定的应急预案应当报上级交通运输主管部门和本级人民政府备案。

公共交通工具、重点港口和场站的经营单位以及储运易燃易爆物品、危险化学品、放射性物品等危险物品的交通运输企业所制定的应急预案，应当向所属地交通运输主管部门备案。

第十二条　应急预案应当根据实际需要、情势变化和演练验证，适时修订。

第十三条 交通运输主管部门、交通运输企业应当按照有关规划和应急预案的要求，根据应急工作的实际需要，建立健全应急装备和应急物资储备、维护、管理和调拨制度，储备必需的应急物资和运力，配备必要的专用应急指挥交通工具和应急通信装备，并确保应急物资装备处于正常使用状态。

第十四条 交通运输主管部门可以根据交通运输突发事件应急处置的实际需要，统筹规划、建设交通运输专业应急队伍。

交通运输企业应当根据实际需要，建立由本单位职工组成的专职或者兼职应急队伍。

第十五条 交通运输主管部门应当加强应急队伍应急能力和人员素质建设，加强专业应急队伍与非专业应急队伍的合作、联合培训及演练，提高协同应急能力。

交通运输主管部门可以根据应急处置的需要，与其他应急力量提供单位建立必要的应急合作关系。

第十六条 交通运输主管部门应当将本辖区内应急装备、应急物资、运力储备和应急队伍的实时情况及时报上级交通运输主管部门和本级人民政府备案。

交通运输企业应当将本单位应急装备、应急物资、运力储备和应急队伍的实时情况及时报所在地交通运输主管部门备案。

第十七条 所有列入应急队伍的交通运输应急人员，其所属单位应当为其购买人身意外伤害保险，配备必要的防护装备和器材，减少应急人员的人身风险。

第十八条 交通运输主管部门可以根据应急处置实际需要鼓励志愿者参与交通运输突发事件应对活动。

第十九条 交通运输主管部门可以建立专家咨询制度，聘请专家或者专业机构，为交通运输突发事件应对活动提供相关意见和支持。

第二十条 交通运输主管部门应当建立健全交通运输突发事件应急培训制度，并结合交通运输的实际情况和需要，组织开展交通运输应急知识的宣传普及活动。

交通运输企业应当按照交通运输主管部门制定的应急预案的有关要求，制订年度应急培训计划，组织开展应急培训工作。

第二十一条 交通运输主管部门、交通运输企业应当根据本地区、本单位交通运输突发事件的类型和特点，制订应急演练计划，定期组织开展交通运输突发事件应急演练。

第二十二条 交通运输主管部门应当鼓励、扶持研究开发用于交通运输突发事件预防、监测、预警、应急处置和救援的新技术、新设备和新工具。

第二十三条 交通运输主管部门应当根据本级人民政府财政预算情况，编列应急资金年度预算，设立突发事件应急工作专项资金。

交通运输企业应当安排应急专项经费，保障交通运输突发事件应急工作的需要。

应急专项资金和经费主要用于应急预案编制及修订、应急培训演练、应急装备和队伍建设、日常应急管理、应急宣传以及应急处置措施等。

第三章　监测与预警

第二十四条 交通运输主管部门应当建立并完善交通运输突发事件信息管理制度，及时收集、统计、分析、报告交通运输突发事件信息。

交通运输主管部门应当与各有关部门建立信息共享机制，及时获取与交通运输有关的突发事件信息。

第二十五条　交通运输主管部门应当建立交通运输突发事件风险评估机制，对影响或者可能影响交通运输的相关信息及时进行汇总分析，必要时同相关部门进行会商，评估突发事件发生的可能性及可能造成的损害，研究确定应对措施，制定应对方案。对可能发生重大或者特别重大突发事件的，应当立即向本级人民政府及上一级交通运输主管部门报告相关信息。

第二十六条　交通运输主管部门负责本辖区内交通运输突发事件危险源管理工作。对危险源、危险区域进行调查、登记、风险评估，组织检查、监控，并责令有关单位采取安全防范措施。

交通运输企业应当组织开展企业内交通运输突发事件危险源辨识、评估工作，采取相应安全防范措施，加强危险源监控与管理，并按规定及时向交通运输主管部门报告。

第二十七条　交通运输主管部门应当根据自然灾害、事故灾难、公共卫生事件和社会安全事件的种类和特点，建立健全交通运输突发事件基础信息数据库，配备必要的监测设备、设施和人员，对突发事件易发区域加强监测。

第二十八条　交通运输主管部门应当建立交通运输突发事件应急指挥通信系统。

第二十九条　交通运输主管部门、交通运输企业应当建立应急值班制度，根据交通运输突发事件的种类、特点和实际需要，配备必要值班设施和人员。

第三十条　县级以上地方人民政府宣布进入预警期后，交通运输主管部门应当根据预警级别和可能发生的交通运输突发事件的特点，采取下列措施：

（一）启动相应的交通运输突发事件应急预案；

（二）根据需要启动应急协作机制，加强与相关部门的协调沟通；

（三）按照所属地方人民政府和上级交通运输主管部门的要求，指导交通运输企业采取相关预防措施；

（四）加强对突发事件发生、发展情况的跟踪监测，加强值班和信息报告；

（五）按照地方人民政府的授权，发布相关信息，宣传避免、减轻危害的常识，提出采取特定措施避免或者减轻危害的建议、劝告；

（六）组织应急救援队伍和相关人员进入待命状态，调集应急处置所需的运力和装备，检测用于疏运转移的交通运输工具和应急通信设备，确保其处于良好状态；

（七）加强对交通运输枢纽、重点通航建筑物、重点场站、重点港口、码头、重点运输线路及航道的巡查维护；

（八）法律、法规或者所属地方人民政府提出的其他应急措施。

第三十一条 交通运输主管部门应当根据事态发展以及所属地方人民政府的决定，相应调整或者停止所采取的措施。

第四章 应急处置

第三十二条 交通运输突发事件的应急处置应当在各级人民政府的统一领导下进行。

第三十三条 交通运输突发事件发生后，发生地交通运输主管部门应当立即启动相应的应急预案，在本级人民政府的领导下，组织、部署交通运输突发事件的应急处置工作。

第三十四条　交通运输突发事件发生后，负责或者参与应急处置的交通运输主管部门应当根据有关规定和实际需要，采取以下措施：

（一）组织运力疏散、撤离受困人员，组织搜救突发事件中的遇险人员，组织应急物资运输；

（二）调集人员、物资、设备、工具，对受损的交通基础设施进行抢修、抢通或搭建临时性设施；

（三）对危险源和危险区域进行控制，设立警示标志；

（四）采取必要措施，防止次生、衍生灾害发生；

（五）必要时请求本级人民政府和上级交通运输主管部门协调有关部门，启动联合机制，开展联合应急行动；

（六）按照应急预案规定的程序报告突发事件信息以及应急处置的进展情况；

（七）建立新闻发言人制度，按照本级人民政府的委托或者授权及相关规定，统一、及时、准确的向社会和媒体发布应急处置信息；

（八）其他有利于控制、减轻和消除危害的必要措施。

第三十五条　交通运输突发事件超出本级交通运输主管部门处置能力或管辖范围的，交通运输主管部门可以采取以下措施：

（一）根据应急处置需要请求上级交通运输主管部门在资金、物资、设备设施、应急队伍等方面给予支持；

（二）请求上级交通运输主管部门协调突发事件发生地周边交通运输主管部门给予支持；

（三）请求上级交通运输主管部门派出现场工作组及有关专业技术人员给予指导；

（四）按照建立的应急协作机制，协调有关部门参与应急处置。

第三十六条 在需要组织开展大规模人员疏散、物资疏运的情况下，交通运输主管部门应当根据本级人民政府或者上级交通运输主管部门的指令，及时组织运力参与应急运输。

第三十七条 交通运输企业应当加强对本单位应急设备、设施、队伍的日常管理，保证应急处置工作及时、有效开展。

交通运输突发事件应急处置过程中，交通运输企业应当接受交通运输主管部门的组织、调度和指挥。

第三十八条 交通运输主管部门根据应急处置工作的需要，可以征用有关单位和个人的交通运输工具、相关设备和其他物资。有关单位和个人应当予以配合。

第五章　终止与善后

第三十九条 交通运输突发事件的威胁和危害得到控制或者消除后，负责应急处置的交通运输主管部门应当按照相关人民政府的决定停止执行应急处置措施，并按照有关要求采取必要措施，防止发生次生、衍生事件。

第四十条 交通运输突发事件应急处置结束后，负责应急处置工作的交通运输主管部门应当对应急处置工作进行评估，并向上级交通运输主管部门和本级人民政府报告。

第四十一条 交通运输突发事件应急处置结束后，交通运输主管部门应当根据国家有关扶持遭受突发事件影响行业和地区发展的政策规定以及本级人民政府的恢复重建规划，制定相应的交通运输恢复重建计划并组织实施，重建受损的交通基础设施，消除突发事件造成的破坏及影响。

第四十二条 因应急处置工作需要被征用的交通运输工具、装备和物资在使用完毕应当及时返还。交通运输工具、装备、物资被征用或者征用后毁损、灭失的，应当按照相关法律法规予以补偿。

第六章 监督检查

第四十三条 交通运输主管部门应当建立健全交通运输突发事件应急管理监督检查和考核机制。

监督检查应当包含以下内容：

（一）应急组织机构建立情况；

（二）应急预案制订及实施情况；

（三）应急物资储备情况；

（四）应急队伍建设情况；

（五）危险源监测情况；

（六）信息管理、报送、发布及宣传情况；

（七）应急培训及演练情况；

（八）应急专项资金和经费落实情况；

（九）突发事件应急处置评估情况。

第四十四条 交通运输主管部门应当加强对辖区内交通运输企业等单位应急工作的指导和监督。

第四十五条 违反本规定影响交通运输突发事件应对活动有效进行的，由其上级交通运输主管部门责令改正、通报批评；

情节严重的，对直接负责的主管人员和其他直接责任人员按照有关规定给予相应处分；造成严重后果的，由有关部门依法给予处罚或追究相应责任。

第七章 附 则

第四十六条 海事管理机构及各级地方人民政府交通运输主管部门对水上交通安全和防治船舶污染等突发事件的应对活动，依照有关法律法规执行。

一般生产安全事故的应急处置，依照国家有关法律法规执行。

第四十七条 本规定自 2012 年 1 月 1 日起实施。

附　录

交通运输突发事件信息报告和处理办法

交通运输部关于印发交通运输突发事件
信息报告和处理办法的通知
安全监督司 交应急发（2010）84号

各省、自治区、直辖市、新疆生产建设兵团交通运输厅（局、委），天津市市政公路管理局、交通运输和港口管理局，上海市交通运输和港口管理局，部属各单位，部内各司局，有关交通运输企业：

《交通运输突发事件信息报告和处理办法》已经2009年第11次部务会议审议通过，现印发给你们。请结合实际认真贯彻落实，实施中发现的问题及时报部应急办。

中国海上搜救中心总值班室电话：010-65292218，传真：65292245，电子邮件地址：cnmrcc@ mot. gov. cn。

二〇一〇年二月五日

第一条　为及时获取并有效处置交通运输突发事件信息，

依据《中华人民共和国突发事件应对法》、《国家突发公共事件总体应急预案》、《国家海上搜救应急预案》、《水路交通突发事件应急预案》、《公路交通突发事件应急预案》等法律和相关规定，制定本办法。

第二条 本办法适用于交通运输行业重大及以上突发事件和险情信息（以下简称信息）的报告及处理工作。

第三条 本办法所称重大及以上交通运输突发事件和险情主要包括：

（一）交通运输或交通运输建设施工事故，造成或可能造成10人（含）以上死亡或失踪，或5000万元（含）以上直接经济损失；

（二）滚装客船、涉外旅游船、高速客船和载客30人以上的普通客船发生危及船舶及人员生命安全的事故或险情；3000总吨以上中国籍船舶沉没，或外国籍船舶在我国管辖水域沉没的事故；

（三）交通运输船舶与军用船舶发生碰撞的事件；

（四）载运危险化学品或油类的车、船发生事故，造成或可能造成运输物质泄漏、扩散，导致重大生态环境危害、交通阻塞或威胁人民生命安全；

（五）重要以上港口遭受严重损失，一般港口瘫痪或遭受灾难性损失的事件；

（六）重要以上港口或中央管理的交通运输行业企业所属油品码头、危险品仓储堆场发生火灾、爆炸等事件；

（七）长江干线、珠江、京杭运河、黑龙江界河等国家重要干线航道发生严重堵塞或断航，难以在24小时以内恢复通航的事件；

（八）国家干线公路交通毁坏、中断、阻塞或者大量车辆积压、人员滞留，抢修、处置时间预计在 12 小时以上的事件；

（九）国家干线公路桥梁、隧道以及国、省重点水运设施发生垮塌的事件；

（十）重要客运枢纽运行中断，造成大量旅客滞留，恢复运行及人员疏散预计在 24 小时以上的事件；

（十一）地铁、城市轨道交通发生事故，或遭受恐怖袭击、自然灾害、人为破坏等，导致一条（含）以上线路停运；

（十二）交通运输行业从业人员，特别是公共交通、出租客运、线路客运、水路运输等敏感行业集体罢工或罢运，影响社会出行，在 24 小时内不能平息的事件；

（十三）30 名（含）以上交通运输行业从业人员集体到省级及以上国家机关上访的事件；

（十四）在交通运输行业以及交通运输工具上发现世界卫生组织公布的疫情或发生《中华人民共和国传染病法》规定的甲类传染病的事件；

（十五）中国籍船舶或中资方便旗船舶遭遇海盗袭击的事件；

（十六）车站、港口、船舶、经营性客货运车辆遭受恐怖袭击或极端暴力袭击的事件；

（十七）部属院校发生未经许可的学生集会、游行、罢课等群体事件或发生 10 人（含）以上集体食物中毒等公共卫生事件；

（十八）其它任何对省级及以上行政区域造成或可能造成重大社会、经济影响或发生在敏感区域、敏感时段的交通运输突发事件。

第四条 信息的报告和处理应遵循及时快速、准确高效、分级报告的原则。

第五条　交通运输突发事件信息报告和处理由交通运输部应急办公室（以下简称应急办）管理；中国海上搜救中心总值班室承担信息的接收与报告工作。

第六条　省级交通运输主管部门、部直属单位、中央管理的交通运输行业企业（以下简称交通运输单位）应指定专门机构，实行24小时值班，负责事件信息的核实、报告、跟踪，按职责权限承担或参与相关事件的处理工作。

第七条　本行政区域或辖区内以及本单位发生第三条所列突发事件，交通运输单位应立即将信息以书面或电子邮件形式报部和当地政府，最迟不能晚于2小时。信息报出后必须进行电话确认。

特殊情况不能在2小时内以书面或电子邮件形式报告的，应先以电话等形式报告，并说明理由，待条件许可时再补充。

第八条　信息的内容要简明准确、要素完整、重点突出，应包括以下要素：

（一）事件发生的时间、地点及信息来源；

（二）事件起因、性质、基本过程、已造成的后果以及影响范围和事件发展趋势；

（三）已采取的措施、下一步的工作计划；

（四）信息报送单位、联系人和联系电话等。

第九条　对于情况不够清楚、要素不齐全的信息，要及时核实补充内容，并将后续情况及时上报。

对突发事件处置的新进展、衍生的新情况要及时续报，特别重大事件的处置情况信息应每日一报。

突发事件处置结束后，要进行终报。

第十条　中国海上搜救中心总值班室收到信息后，应立即按规定的程序报分管副部长和部安全总监，并抄报部长（部长外出时，抄报在部主持工作的副部长），同时抄送部应急办和部内相关单位。

第十一条　根据有关规定或相关领导指示，中国海上搜救中心总值班室应于事件发生4小时内将交通运输突发事件信息报国务院总值班室。涉及国务院其他部委的突发事件，应抄送相关部委。

未能在事件发生4小时内报送的，应说明理由。

第十二条　部内相关业务司局负责突发事件的处置工作，应将突发事件处置情况和突发事件的最新进展情况报部领导和部安全总监，抄送部应急办和中国海上搜救中心总值班室。初始信息已上报国务院的应按规定续报国务院总值班室。

第十三条　部领导对交通运输突发事件处置工作的指示或批示，相关业务司局应及时向有关单位传达。

第十四条　交通运输单位以"交通运输值班信息"（简称值班信息）的形式将事件信息报部；中国海上搜救中心以"交通运输部值班信息"或"海上搜救值班信息"的形式将事件信息报送国务院总值班室。

第十五条　报部"值班信息"应通过传真和电子邮件报送；报国务院总值班室"交通运输部值班信息"通过国务院政府信息网报送。如"值班信息"涉密应按机要渠道报送。

第十六条　对于突发事件情况的统计，按照有关规定执行。

第十七条　部应急办不定期对交通运输单位信息报告情况进行考核，对能够及时准确报告突发事件信息的单位给予通报表扬，对迟报、漏报、谎报或者瞒报的单位予以批评。

第十八条 对于违反本办法，迟报、谎报、瞒报、漏报信息，或者通报、报送、公布虚假信息，造成不良后果的责任人员，有关部门应追究其相应责任。

第十九条 海上搜救信息的报送工作按现行规定执行；法律、法规和规章另有规定的从其规定。

第二十条 交通运输单位可参照本办法制订本单位的信息报告和处理规定。

第二十一条 本办法自印发之日起施行。

国家城市轨道交通运营突发事件应急预案

国务院办公厅关于印发国家城市轨道
交通运营突发事件应急预案的通知
国办函〔2015〕32号

各省、自治区、直辖市人民政府，国务院各部委、各直属机构：

经国务院同意，现将修订后的《国家城市轨道交通运营突发事件应急预案》印发给你们，请认真组织实施。2005年5月24日经国务院批准、由国务院办公厅印发的《国家处置城市地铁事故灾难应急预案》同时废止。

国务院办公厅

2015年4月30日

1 总则

1.1 编制目的

建立健全城市轨道交通运营突发事件（以下简称运营突发事件）处置工作机制，科学有序高效应对运营突发事件，最大程度减少人员伤亡和财产损失，维护社会正常秩序。

1.2 编制依据

依据《中华人民共和国突发事件应对法》、《中华人民共和国安全生产法》、《生产安全事故报告和调查处理条例》、《国家突发公共事件总体应急预案》及相关法律法规等，制定本预案。

1.3 适用范围

本预案适用于城市轨道交通运营过程中发生的因列车撞击、脱轨，设施设备故障、损毁，以及大客流等情况，造成人员伤亡、行车中断、财产损失的突发事件应对工作。

因地震、洪涝、气象灾害等自然灾害和恐怖袭击、刑事案件等社会安全事件以及其他因素影响或可能影响城市轨道交通正常运营时，依据国家相关预案执行，同时参照本预案组织做好监测预警、信息报告、应急响应、后期处置等相关应对工作。

1.4 工作原则

运营突发事件应对工作坚持统一领导、属地负责，条块结合、协调联动，快速反应、科学处置的原则。运营突发事件发生后，城市轨道交通所在地城市及以上地方各级人民政府和有关部门、城市轨道交通运营单位（以下简称运营单位）应立即按照职责分工和相关预案开展处置工作。

1.5 事件分级

按照事件严重性和受影响程度，运营突发事件分为特别重大、重大、较大和一般四级。事件分级标准见附则。

2 组织指挥体系

2.1 国家层面组织指挥机构

交通运输部负责运营突发事件应对工作的指导协调和监督管理。根据运营突发事件的发展态势和影响，交通运输部或事发地省级人民政府可报请国务院批准，或根据国务院领导同志指示，成立国务院工作组，负责指导、协调、支持有关地方人民政府开展运营突发事件应对工作。必要时，由国务院或国务院授权交通运输部成立国家城市轨道交通应急指挥部，统一领导、组织和指挥运营突发事件应急处置工作。

2.2 地方层面组织指挥机构

城市轨道交通所在地城市及以上地方各级人民政府负责本行政区域内运营突发事件应对工作，要明确相应组织指挥机构。地方有关部门按照职责分工，密切配合，共同做好运营突发事件的应对工作。

对跨城市运营的城市轨道交通线路，有关城市人民政府应建立跨区域运营突发事件应急合作机制。

2.3 现场指挥机构

负责运营突发事件处置的人民政府根据需要成立现场指挥部，负责现场组织指挥工作。参与现场处置的有关单位和人员应服从现场指挥部的统一指挥。

2.4 运营单位

运营单位是运营突发事件应对工作的责任主体，要建立健全应急指挥机制，针对可能发生的运营突发事件完善应急预案体系，建立与相关单位的信息共享和应急联动机制。

2.5 专家组

各级组织指挥机构及运营单位根据需要设立运营突发事件处置专家组，由线路、轨道、结构工程、车辆、供电、通信、信号、环境与设备监控、运输组织等方面的专家组成，对运营突发事件处置工作提供技术支持。

3 监测预警和信息报告

3.1 监测和风险分析

运营单位应当建立健全城市轨道交通运营监测体系，根据运营突发事件的特点和规律，加大对线路、轨道、结构工程、车辆、供电、通信、信号、消防、特种设备、应急照明等设施设备和环境状态以及客流情况等的监测力度，定期排查安全隐患，开展风险评估，健全风险防控措施。当城市轨道交通正常运营可能受到影响时，要及时将有关情况报告当地城市轨道交通运营主管部门。

城市轨道交通所在地城市及以上地方各级人民政府城市轨道交通运营主管部门，应加强对本行政区域内城市轨道交通安全运营情况的日常监测，会同公安、国土资源、住房城乡建设、水利、安全监管、地震、气象、铁路、武警等部门（单位）和运营单位建立健全定期会商和信息共享机制，加强对突发大客流和洪涝、气象灾害、地质灾害、地震等信息的收集，对各类风险信息进行分析研判，并及时将可能导致运营突发事件的信息告知运营单位。有关部门应及时将可能影响城市轨道交通正常运营的信息通报同级城市轨道交通运营主管部门。

3.2 预警

3.2.1 预警信息发布

运营单位要及时对可能导致运营突发事件的风险信息进行分析研判，预估可能造成影响的范围和程度。城市轨道交通系统内设施设备及环境状态异常可能导致运营突发事件时，要及时向相关岗位专业人员发出预警；因突发大客流、自然灾害等原因可能影响城市轨道交通正常运营时，要及时报请当地城市轨道交通运营主管部门，通过电视、广播、报纸、互联网、手机短信、楼宇或移动电子屏幕、当面告知等渠道向公众发布预警信息。

3.2.2 预警行动

研判可能发生运营突发事件时，运营单位视情采取以下措施：

（1）防范措施

对于城市轨道交通系统内设施设备及环境状态预警，要组织专业人员迅速对相关设施设备状态进行检查确认，排除故障，并做好故障排除前的各项防范工作。

对于突发大客流预警，要及时调整运营组织方案，加强客流情况监测，在重点车站增派人员加强值守，做好客流疏导，视情采取限流、封站等控制措施，必要时申请启动地面公共交通接驳疏运。城市轨道交通运营主管部门要及时协调组织运力疏导客流。

对于自然灾害预警，要加强对地面线路、设备间、车站出入口等重点区域的检查巡视，加强对重点设施设备的巡检紧固和对重点区段设施设备的值守监测，做好相关设施设备停用和相关线路列车限速、停运准备。

（2）应急准备

责令应急救援队伍和人员进入待命状态，动员后备人员做好参加应急救援和处置工作准备，并调集运营突发事件应急所需物资、装备和设备，做好应急保障工作。

（3）舆论引导

预警信息发布后，及时公布咨询电话，加强相关舆情监测，主动回应社会公众关注的问题，及时澄清谣言传言，做好舆论引导工作。

3.2.3　预警解除

运营单位研判可能引发运营突发事件的危险已经消除时，宣布解除预警，适时终止相关措施。

3.3　信息报告

运营突发事件发生后，运营单位应当立即向当地城市轨道交通运营主管部门和相关部门报告，同时通告可能受到影响的单位和乘客。

事发地城市轨道交通运营主管部门接到运营突发事件信息报告或者监测到相关信息后，应当立即进行核实，对运营突发事件的性质和类别作出初步认定，按照国家规定的时限、程序和要求向上级城市轨道交通运营主管部门和同级人民政府报告，并通报同级其他相关部门和单位。运营突发事件已经或者可能涉及相邻行政区域的，事发地城市轨道交通运营主管部门应当及时通报相邻区域城市轨道交通运营主管部门。事发地城市及以上地方各级人民政府、城市轨道交通运营主管部门应当按照有关规定逐级上报，必要时可越级上报。对初判为重大以上的运营突发事件，省级人民政府和交通运输部要立即向国务院报告。

4 应急响应

4.1 响应分级

根据运营突发事件的严重程度和发展态势，将应急响应设定为Ⅰ级、Ⅱ级、Ⅲ级、Ⅳ级四个等级。初判发生特别重大、重大运营突发事件时，分别启动Ⅰ级、Ⅱ级应急响应，由事发地省级人民政府负责应对工作；初判发生较大、一般运营突发事件时，分别启动Ⅲ级、Ⅳ级应急响应，由事发地城市人民政府负责应对工作。对跨城市运营的城市轨道交通线路，有关城市人民政府在建立跨区域运营突发事件应急合作机制时应明确各级应急响应的责任主体。

对需要国家层面协调处置的运营突发事件，由有关省级人民政府向国务院或由有关省级城市轨道交通运营主管部门向交通运输部提出请求。

运营突发事件发生在易造成重大影响的地区或重要时段时，可适当提高响应级别。应急响应启动后，可视事件造成损失情况及其发展趋势调整响应级别，避免响应不足或响应过度。

4.2 响应措施

运营突发事件发生后，运营单位必须立即实施先期处置，全力控制事件发展态势。各有关地方、部门和单位根据工作需要，组织采取以下措施。

4.2.1 人员搜救

调派专业力量和装备，在运营突发事件现场开展以抢救人员生命为主的应急救援工作。现场救援队伍之间要加强衔接和配合，做好自身安全防护。

4.2.2 现场疏散

按照预先制订的紧急疏导疏散方案，有组织、有秩序地迅速引导现场人员撤离事发地点，疏散受影响城市轨道交通沿线站点乘客至城市轨道交通车站出口；对城市轨道交通线路实施分区封控、警戒，阻止乘客及无关人员进入。

4.2.3 乘客转运

根据疏散乘客数量和发生运营突发事件的城市轨道交通线路运行方向，及时调整城市公共交通路网客运组织，利用城市轨道交通其余正常运营线路，调配地面公共交通车辆运输，加大发车密度，做好乘客的转运工作。

4.2.4 交通疏导

设置交通封控区，对事发地点周边交通秩序进行维护疏导，防止发生大范围交通瘫痪；开通绿色通道，为应急车辆提供通行保障。

4.2.5 医学救援

迅速组织当地医疗资源和力量，对伤病员进行诊断治疗，根据需要及时、安全地将重症伤病员转运到有条件的医疗机构加强救治。视情增派医疗卫生专家和卫生应急队伍、调配急需医药物资，支持事发地的医学救援工作。提出保护公众健康的措施建议，做好伤病员的心理援助。

4.2.6 抢修抢险

组织相关专业技术力量，开展设施设备等抢修作业，及时排除故障；组织土建线路抢险队伍，开展土建设施、轨道线路等抢险作业；组织车辆抢险队伍，开展列车抢险作业；组织机电设备抢险队伍，开展供电、通信、信号等抢险作业。

4.2.7 维护社会稳定

根据事件影响范围、程度，划定警戒区，做好事发现场及周边环境的保护和警戒，维护治安秩序；严厉打击借机传播谣言制造社会恐慌等违法犯罪行为；做好各类矛盾纠纷化解和法律服务工作，防止出现群体性事件，维护社会稳定。

4.2.8 信息发布和舆论引导

通过政府授权发布、发新闻稿、接受记者采访、举行新闻发布会、组织专家解读等方式，借助电视、广播、报纸、互联网等多种途径，运用微博、微信、手机应用程序（APP）客户端等新媒体平台，主动、及时、准确、客观向社会持续动态发布运营突发事件和应对工作信息，回应社会关切，澄清不实信息，正确引导社会舆论。信息发布内容包括事件时间、地点、原因、性质、伤亡情况、应对措施、救援进展、公众需要配合采取的措施、事件区域交通管制情况和临时交通措施等。

4.2.9 运营恢复

在运营突发事件现场处理完毕、次生灾害后果基本消除后，及时组织评估；当确认具备运营条件后，运营单位应尽快恢复正常运营。

4.3 国家层面应对工作

4.3.1 部门工作组应对

初判发生重大以上运营突发事件时，交通运输部立即派出工作组赴现场指导督促当地开展应急处置、原因调查、运营恢复等工作，并根据需要协调有关方面提供队伍、物资、技术等支持。

4.3.2 国务院工作组应对

当需要国务院协调处置时，成立国务院工作组。主要开展以下工作：

（1）传达国务院领导同志指示批示精神，督促地方政府和有关部门贯彻落实；

（2）了解事件基本情况、造成的损失和影响、应急处置进展及当地需求等；

（3）赶赴现场指导地方开展应急处置工作；

（4）根据地方请求，协调有关方面派出应急队伍、调运应急物资和装备、安排专家和技术人员等，为应急处置提供支援和技术支持；

（5）指导开展事件原因调查工作；

（6）及时向国务院报告相关情况。

4.3.3 国家城市轨道交通应急指挥部应对

根据事件应对工作需要和国务院决策部署，成立国家城市轨道交通应急指挥部，统一领导、组织和指挥运营突发事件应急处置工作。主要开展以下工作：

（1）组织有关部门和单位、专家组进行会商，研究分析事态，部署应急处置工作；

（2）根据需要赴事发现场，或派出前方工作组赴事发现场，协调开展应对工作；

（3）研究决定地方人民政府和有关部门提出的请求事项，重要事项报国务院决策；

（4）统一组织信息发布和舆论引导工作；

（5）对事件处置工作进行总结并报告国务院。

5　后期处置

5.1　善后处置

城市轨道交通所在地城市人民政府要及时组织制订补助、补偿、抚慰、抚恤、安置和环境恢复等善后工作方案并组织实施。组织保险机构及时开展相关理赔工作，尽快消除运营突发事件的影响。

5.2　事件调查

运营突发事件发生后，按照《生产安全事故报告和调查处理条例》等有关规定成立调查组，查明事件原因、性质、人员伤亡、影响范围、经济损失等情况，提出防范、整改措施和处理建议。

5.3　处置评估

运营突发事件响应终止后，履行统一领导职责的人民政府要及时组织对事件处置过程进行评估，总结经验教训，分析查找问题，提出改进措施，形成应急处置评估报告。

6　保障措施

6.1　通信保障

城市轨道交通所在地城市及以上地方人民政府、通信主管部门要建立健全运营突发事件应急通信保障体系，形成可靠的通信保障能力，确保应急期间通信联络和信息传递需要。

6.2　队伍保障

运营单位要建立健全运营突发事件专业应急救援队伍，加强人员设备维护和应急抢修能力培训，定期开展应急演练，提高应急救援能力。公安消防、武警部队等要做好应急力量支援保障。根据需要动员和组织志愿者等社会力量参与运营突发事件防范和处置工作。

6.3 装备物资保障

城市轨道交通所在地城市及以上地方人民政府和有关部门、运营单位要加强应急装备物资储备，鼓励支持社会化储备。城市轨道交通运营主管部门、运营单位要加强对城市轨道交通应急装备物资储备信息的动态管理。

6.4 技术保障

支持运营突发事件应急处置先进技术、装备的研发。建立城市轨道交通应急管理技术平台，实现信息综合集成、分析处理、风险评估的智能化和数字化。

6.5 交通运输保障

交通运输部门要健全道路紧急运输保障体系，保障应急响应所需人员、物资、装备、器材等的运输，保障人员疏散。公安部门要加强应急交通管理，保障应急救援车辆优先通行，做好人员疏散路线的交通疏导。

6.6 资金保障

运营突发事件应急处置所需经费首先由事件责任单位承担。城市轨道交通所在地城市及以上地方人民政府要对运营突发事件处置工作提供资金保障。

7 附则

7.1 术语解释

城市轨道交通是指采用专用轨道导向运行的城市公共客运交通系统，包括地铁系统、轻轨系统、单轨系统、有轨电车、磁浮系统、自动导向轨道交通系统、市域快速轨道系统等。

7.2 事件分级标准

（1）特别重大运营突发事件：造成 30 人以上死亡，或者 100 人以上重伤，或者直接经济损失 1 亿元以上的。

（2）重大运营突发事件：造成 10 人以上 30 人以下死亡，或者 50 人以上 100 人以下重伤，或者直接经济损失 5000 万元以上 1 亿元以下，或者连续中断行车 24 小时以上的。

（3）较大运营突发事件：造成 3 人以上 10 人以下死亡，或者 10 人以上 50 人以下重伤，或者直接经济损失 1000 万元以上 5000 万元以下，或者连续中断行车 6 小时以上 24 小时以下的。

（4）一般运营突发事件：造成 3 人以下死亡，或者 10 人以下重伤，或者直接经济损失 50 万元以上 1000 万元以下，或者连续中断行车 2 小时以上 6 小时以下的。

上述分级标准有关数量的表述中，"以上"含本数，"以下"不含本数。

7.3 预案管理

预案实施后，交通运输部要会同有关部门组织预案宣传、培训和演练，并根据实际情况，适时组织评估和修订。城市轨道交通所在地城市及以上地方人民政府要结合当地实际制定或修订本级运营突发事件应急预案。

7.4 预案解释

本预案由交通运输部负责解释。

7.5 预案实施时间

本预案自印发之日起实施。

民用运输机场突发事件
应急救援管理规则

中华人民共和国交通运输部令

2016 年第 45 号

《民用运输机场突发事件应急救援管理规则》已于
2016 年 4 月 7 日经第 7 次部务会议通过，现予公布，
自 2016 年 5 月 21 日起施行。

交通运输部部长

2016 年 4 月 20 日

第一章 总 则

第一条 为了规范民用运输机场应急救援工作，有效应对
民用运输机场突发事件，避免或者减少人员伤亡和财产损失，
尽快恢复机场正常运行秩序，根据《中华人民共和国民用航空
法》《中华人民共和国突发事件应对法》和《民用机场管理条

例》，制定本规则。

第二条 本规则适用于民用运输机场（包括军民合用机场民用部分，以下简称机场）及其邻近区域内突发事件的应急救援处置和相关的应急救援管理工作。

第三条 本规则所指民用运输机场突发事件（以下简称突发事件）是指在机场及其邻近区域内，航空器或者机场设施发生或者可能发生的严重损坏以及其它导致或者可能导致人员伤亡和财产严重损失的情况。

本规则所称机场及其邻近区域是指机场围界以内以及距机场每条跑道中心点 8 公里范围内的区域。

第四条 中国民用航空局（以下简称民航局）负责机场应急救援管理工作的总体监督检查。

中国民用航空地区管理局（以下简称民航地区管理局）负责本辖区内机场应急救援管理工作的日常监督检查。

机场管理机构应当按照国家、地方人民政府的有关规定和本规则的要求，制定机场突发事件应急救援预案，并负责机场应急救援工作的统筹协调和管理。使用该机场的航空器营运人和其他驻场单位应当根据在应急救援中承担的职责制定相应的突发事件应急救援预案，并与机场突发事件应急救援预案相协调，送机场管理机构备案。

机场应急救援工作应当接受机场所在地人民政府（以下统称地方人民政府）的领导。

本规则所称地方人民政府是指机场所在地县级（含）以上人民政府。

第五条 机场应急救援工作应当遵循最大限度地抢救人员生命和减少财产损失，预案完善、准备充分、救援及时、处置有效的原则。

第六条　在地方人民政府领导下、民用航空管理部门指导下，机场管理机构负责机场应急救援预案的制定、汇总和报备工作，同时负责发生突发事件时机场应急救援工作的统一指挥。

参与应急救援的单位和个人应当服从机场管理机构的统一指挥。

第二章　突发事件分类和
应急救援响应等级

第七条　机场突发事件包括航空器突发事件和非航空器突发事件。

航空器突发事件包括：

（一）航空器失事；

（二）航空器空中遇险，包括故障、遭遇危险天气、危险品泄露等；

（三）航空器受到非法干扰，包括劫持、爆炸物威胁等；

（四）航空器与航空器地面相撞或与障碍物相撞，导致人员伤亡或燃油泄露等；

（五）航空器跑道事件，包括跑道外接地、冲出、偏出跑道；

（六）航空器火警；

（七）涉及航空器的其它突发事件。

非航空器突发事件包括：

（一）对机场设施的爆炸物威胁；

（二）机场设施失火；

（三）机场危险化学品泄露；

（四）自然灾害；

（五）医学突发事件；

（六）不涉及航空器的其它突发事件。

第八条 航空器突发事件的应急救援响应等级分为：

（一）原地待命：航空器空中发生故障等突发事件，但该故障仅对航空器安全着陆造成困难，各救援单位应当做好紧急出动的准备。

（二）集结待命：航空器在空中出现故障等紧急情况，随时有可能发生航空器坠毁、爆炸、起火、严重损坏，或者航空器受到非法干扰等紧急情况，各救援单位应当按照指令在指定地点集结；

（三）紧急出动：已发生航空器失事、爆炸、起火、严重损坏等情况，各救援单位应当按照指令立即出动，以最快速度赶赴事故现场。

第九条 非航空器突发事件的应急救援响应不分等级。发生非航空器突发事件时，按照相应预案实施救援。

第三章 应急救援组织机构
及其职责

第十条 机场管理机构应当在地方人民政府统一领导下成立机场应急救援工作领导小组。

机场应急救援工作领导小组是机场应急救援工作的决策机构，通常应当由地方人民政府、机场管理机构、民航地区管理局或其派出机构、空中交通管理部门、有关航空器营运人和其他驻场单位负责人共同组成。

机场应急救援工作领导小组负责确定机场应急救援工作的总体方针和工作重点、审核机场突发事件应急救援预案及各应急救援成员单位之间的职责、审核确定机场应急救援演练等重要事项，并在机场应急救援过程中，对遇到的重大问题进行决策。

第十一条 机场应急救援总指挥由机场管理机构主要负责人或者其授权人担任，全面负责机场应急救援的指挥工作。

第十二条 机场管理机构应当设立机场应急救援指挥管理机构，即机场应急救援指挥中心（以下简称指挥中心），作为机场应急救援领导小组的常设办事机构，同时也是机场应急救援工作的管理机构和发生突发事件时的应急指挥机构。其具体职责包括：

（一）组织制定、汇总、修订和管理机场突发事件应急救援预案；

（二）定期检查各有关部门、单位的突发事件应急救援预案、人员培训、演练、物资储备、设备保养等工作的保障落实情况；定期修订突发事件应急救援预案中各有关部门和单位的负责人、联系人名单及电话号码；

（三）按照本规则的要求制定年度应急救援演练计划并组织或者参与实施；

（四）机场发生突发事件时，根据总指挥的指令，以及预案要求，发布应急救援指令并组织实施救援工作；

（五）根据残损航空器搬移协议，组织或者参与残损航空器的搬移工作；

（六）定期或不定期总结、汇总机场应急救援管理工作，向机场应急救援工作领导小组汇报。

第十三条 机场空中交通管理部门在机场应急救援工作中的主要职责：

（一）将获知的突发事件类型、时间、地点等情况按照突发事件应急救援预案规定的程序通知有关部门；

（二）及时了解发生突发事件航空器机长意图和事件发展情况，并通报指挥中心；

（三）负责发布因发生突发事件影响机场正常运行的航行通告；

（四）负责向指挥中心及其他参与救援的单位提供所需的气象等信息。

第十四条 机场消防部门在机场应急救援工作中的主要职责：

（一）救助被困遇险人员，防止起火，组织实施灭火工作；

（二）根据救援需要实施航空器的破拆工作；

（三）协调地方消防部门的应急支援工作；

（四）负责将罹难者遗体和受伤人员移至安全区域，并在医疗救护人员尚未到达现场的情况下，本着"自救互救"人道主义原则，实施对伤员的紧急救护工作。

第十五条 机场医疗救护部门在机场应急救援工作中的主要职责：

（一）进行伤亡人员的检伤分类、现场应急医疗救治和伤员后送工作。记录伤亡人员的伤情和后送信息；

（二）协调地方医疗救护部门的应急支援工作；

（三）进行现场医学处置及传染病防控；

（四）负责医学突发事件处置的组织实施。

第十六条 航空器营运人或其代理人在应急救援工作中的主要职责：

（一）提供有关资料。资料包括发生突发事件航空器的航班号、机型、国籍登记号、机组人员情况、旅客人员名单及身份证号码、联系电话、机上座位号、国籍、性别、行李数量、所载燃油量、所载货物及危险品等情况；

（二）在航空器起飞机场、发生突发事件的机场和原计划降落的机场设立临时接待机构和场所，并负责接待和查询工作；

（三）负责开通应急电话服务中心并负责伤亡人员亲属的通知联络工作；

（四）负责货物、邮件和行李的清点和处理工作；

（五）航空器出入境过程中发生突发事件时，负责将事件的基本情况通报海关、边防和检疫部门；

（六）负责残损航空器搬移工作。

第十七条 机场地面保障部门在机场应急救援工作中的主要职责：

（一）负责在发生突发事件现场及相关地区提供必要的电力和照明、航空燃油处置、救援物资等保障工作；

（二）负责受到破坏的机场飞行区场道、目视助航设施设备等的紧急恢复工作。

第十八条 除本规则第十二条、第十三条、第十四条、第十五条、第十六条、第十七条所涉及的单位，其他参与应急救援工作的地方救援单位的职责，由根据本规则第二十三条订立的支援协议予以明确。

第四章　突发事件应急救援预案

第十九条　机场管理机构应当依据本规则制定机场突发事件应急救援预案，该预案应当纳入地方人民政府突发事件应急救援预案体系，并协调统一。该预案应当包括下列内容：

（一）针对各种具体突发事件的应急救援预案，包括应急救援程序及检查单等；

（二）根据地方人民政府的相关规定、本规则和机场的实际情况，确定参与应急救援的各单位在机场不同突发事件中的主要职责、权力、义务和指挥权以及突发事件类型及相应的应急救援响应等级；

（三）针对不同突发事件的报告、通知程序和通知事项，其中，通知程序是指通知参加救援单位的先后次序。不同的突发事件类型，应当设置相应的通知先后次序；

（四）各类突发事件所涉及单位的名称、联系方式；

（五）机场管理机构与签订应急救援支援协议单位的应急救援资源明细表、联系方式；

（六）机场管理机构根据本规则第二十三条的要求与各相关单位签订的应急救援支援协议；

（七）应急救援设施、设备和器材的名称、数量、存放地点；

（八）机场及其邻近区域的应急救援方格网图；

（九）残损航空器的搬移及恢复机场正常运行的程序；

（十）机场管理机构与有关航空器营运人或其代理人之间有关残损航空器搬移的协议；

（十一）在各类紧急突发事件中可能产生的人员紧急疏散方案，该方案应当包括警报、广播、各相关岗位工作人员在引导人员疏散时的职责、疏散路线、对被疏散人员的临时管理措施等内容。

第二十条 机场突发事件应急救援预案应当明确机场公安机关在机场应急救援工作中的以下职责：

（一）指挥参与救援的公安民警、机场保安人员的救援行动，协调驻场武警部队及地方支援军警的救援行动；

（二）设置事件现场及相关场所安全警戒区，保护现场，维护现场治安秩序；

（三）参与核对死亡人数、死亡人员身份工作；

（四）制服、缉拿犯罪嫌疑人；

（五）组织处置爆炸物、危险品；

（六）实施地面交通管制，保障救援通道畅通；

（七）参与现场取证、记录、录像等工作。

第二十一条 制定机场突发事件应急救援预案应当考虑极端的冷、热、雪、雨、风及低能见度等天气，以及机场周围的水系、道路、凹地，避免因极端的天气和特殊的地形而影响救援工作的正常进行。

第二十二条 机场突发事件应急救援预案应当向民航地区管理局备案。

机场管理机构应当建立机场突发事件应急救援预案的动态管理制度。预案修改后，机场管理机构应当将修改后的预案及时印发给参与应急救援的相关单位，并重新报备民航地区管理局。

机场管理机构在制定机场突发事件应急救援预案的过程

中，应当充分征求机场空中交通管理部门、使用机场的航空器营运人或者其代理人、航空油料供应单位及其它主要驻场单位的意见。

机场突发事件应急救援预案在向民航管理部门报备前，应当征得地方人民政府的同意。

第二十三条 机场管理机构应当与地方人民政府突发事件应对机构、消防部门、医疗救护机构、公安机关、运输企业、当地驻军等单位签订机场应急救援支援协议，就机场应急救援事项明确双方的职责。

支援协议至少应当包括下列内容：

（一）协议单位的职责、权利与义务；

（二）协议单位名称、联系人、联系电话；

（三）协议单位的救援人员、设施设备情况；

（四）根据不同突发事件等级派出救援力量的基本原则；

（五）协议单位参加救援工作的联络方式、集结地点和引导方式；

（六）协议的生效日期及修改方式；

（七）协议内容发生变化时及时通知对方的程序。

机场管理机构应当每年至少对该协议进行一次复查或者修订，对该协议中列明的联系人及联系电话，应当每月复核一次，对变化情况及时进行更新。

协议应当附有协议单位根据机场突发事件应急救援预案制定的本单位突发事件应急实施预案。

在地方人民政府突发事件应急救援预案中已明确机场突发事件地方政府各部门、企事业单位及驻军的职责和义务时，可不签署支援协议，但本规则规定的协议内容应在相关预案中明确。机场管理机构应当获知支援单位的救援力量、设施设备、联系人、联系电话等信息。

第二十四条　机场管理机构应当绘制机场应急救援综合方格网图，图示范围应当为本规则第三条所明确的机场及其邻近地区。该图除应当准确标明机场跑道、滑行道、机坪、航站楼、围场路、油库等设施外，应当重点标明消防管网及消防栓位置、消防水池及其它能够用来取得消防用水的池塘河流位置、能够供救援消防车辆行驶的道路、机场围界出入口位置、城市消防站点位置和医疗救护单位位置。

机场管理机构还应当绘制机场区域应急救援方格网图，图示范围应当为机场围界以内的地区，该图除应当标明本条前款要求标明的所有内容外，还应当标明应急救援人员设备集结等待区。

方格网图应当根据机场及其邻近区域范围和设施的变化及时更新。

机场指挥中心、各参与机场应急救援单位和部门应当张挂方格网图。机场内所有参加应急救援的救援车辆中应当配备方格网图。方格网图可以是卫星影像图或者示意图，方格网图应当清晰显示所标注的内容。

第五章　应急救援的设施设备及人员

第二十五条　机场管理机构应当建设或指定一个特定的隔离机位，供受到劫持或爆炸物威胁的航空器停放，其位置应能使其距其它航空器集中停放区、建筑物或者公共场所至少100

米，并尽可能避开地下管网等重要设施。

第二十六条 机场管理机构应当按照《民用航空运输机场飞行区消防设施》的要求配备机场飞行区消防设施，并应保证其在机场运行期间始终处于适用状态。

机场管理机构应当按照《民用航空运输机场消防站消防装备配备》的要求配备机场各类消防车、指挥车、破拆车等消防装备的配备，并应保证其在机场运行期间始终处于适用状态。

第二十七条 机场管理机构应当按照《民用运输机场应急救护设施配备》的要求配备机场医疗急救设备、医疗器材及药品、医疗救护人员，并确保机场医疗急救设备、医疗器材及药品在机场运行期间始终处于适用状态和使用有效期内。

第二十八条 机场指挥中心及机场内各参加应急救援的单位应当安装带有时钟和录音功能的值班电话，视情设置报警装置，并在机场运行期间随时保持有人值守。值班电话线路应当至少保持一主一备的双线冗余。所有应急通话内容应当录音，应急通话记录至少应当保存2年。

第二十九条 机场管理机构应当设立用于应急救援的无线电专用频道，突发事件发生时，机场塔台和参与救援的单位应当使用专用频道与指挥中心保持不间断联系。公安、消防、医疗救护等重要部门应当尽可能为其救援人员配备耳麦。

为能在第一时间了解航空器在空中发生的紧急情况，指挥中心宜设置陆空对话的单向监听设备，并在机场运行期间保持守听，但不得向该系统输入任何信号。在航空器突发事件发生时，指挥中心确需进一步向机组了解情况时，应当通过空中交通管理部门与机组联系。

第三十条 机场管理机构应当制作参加应急救援人员的识

别标志，识别标志应当明显醒目且易于佩戴，并能体现救援的单位和指挥人员。参加应急救援的人员均应佩戴这些标志。识别标志在夜间应具有反光功能，具体样式应当为：

救援总指挥为橙色头盔，橙色外衣，外衣前后印有"总指挥"字样；

消防指挥官为红色头盔，红色外衣，外衣前后印有"消防指挥官"字样；

医疗指挥官为白色头盔，白色外衣，外衣前后印有"医疗指挥官"字样；

公安指挥官为蓝色头盔，蓝色警服，警服外穿前后印有"公安指挥官"字样的背心。

参加救援的各单位救援人员的标识颜色应与本单位指挥人员相协调。

本条所指外衣可以是背心或者制服。

第三十一条　在邻近地区有海面和其它大面积水域的机场，机场管理机构应当按照机场所使用的最大机型满载时的旅客及机组人员数量，配置救援船只或者气筏和其他水上救生设备，也可以采取与有上述救援设备的单位以协议支援的方式来保障，但机场应当配备满足在救援初期供机场救援人员使用需要的船只或者气筏和其他水上救生的基本设备。

当突发事件发生在机场及其邻近地区的海面或大面积水域时，还应向当地国家海上搜救机构报告。

第三十二条　机场管理机构应当根据机场航空器年起降架次，配置与机场所使用航空器最大机型相匹配的残损航空器搬移设备，并在机场运行期间保证其完好适用。

年起降架次在15万（含）以上的机场，应当配置搬移残损航空器的专用拖车、顶升气囊、活动道面、牵引挂具以及必要的枕木、钢板、绳索等器材。年起降架次在 15 万以下，10 万（含）以上的机场，应当配置顶升气囊、活动道面、牵引挂具以及必要的枕木、钢板、绳索等器材。年起降架次在 10 万以下的机场，应当配置活动道面以及必要的枕木、挂件、绳索等器材。

活动道面配置应当满足航空器每一轮迹下的铺设长度不小于 30 米；航空器牵引挂具的配置应当满足能牵引在机场使用的各类型航空器；对于在发生突发事件起 2 小时之内机场管理机构可能取得专用拖车和顶升气囊的，机场管理机构可不配备专用拖车和顶升气囊，但应当有明确的救援支援协议。

第三十三条 机场管理机构应当配备用于机场应急救援现场指挥的车辆，该车应当配有无线通讯、传真、摄像、视频传输、电脑、照明等设备，并配有应急救援的相关资料库及主要材料的纸质文件。

第三十四条 在机场运行期间，各参加应急救援的单位在保障正常运行的同时，应按照相关标准要求保持有足够的应对突发事件的救援人员。

参加应急救援各单位的值班领导、部门领导及员工应当熟知本单位、本部门及本岗位在应急救援工作中的职责和预案。

第三十五条 参加应急救援的各单位应当每年至少对按照机场应急救援预案承担救援工作职责的相关岗位的工作人员进行一次培训，对于专职应急救援管理人员、指挥人员、消防战斗员、医疗救护人员应当进行经常性的培训，培训内容包括应急救援基础理论、法规规章、技术标准、岗位职责、突发事件应急救援预案、医疗急救常识、消防知识、旅客疏散引导及其它相关技能。

在机场航站楼工作的所有人员应当每年至少接受一次消防器材使用、人员疏散引导、熟悉建筑物布局等的培训。

第六章 应急救援的处置和基本要求

第三十六条 发生突发事件时，第一时间得知事件情况的单位，应当根据机场突发事件应急救援预案的报告程序，立即将突发事件情况报告指挥中心。

发生突发事件后，机场管理机构应当在尽可能短的时间内将突发事件的基本情况报告地方人民政府和民用航空管理部门。

民用航空管理部门在收到机场发生突发事件报告后应当立即按照事件的类型、严重程度、影响范围和本部门应急救援预案逐级向上级机关报告，直至民航局突发事件应对部门。同时，应当迅速采取积极措施，协调和帮助机场管理机构处置突发事件。

第三十七条 机场突发事件应急救援总指挥或者其授权的人应当及时准确地发布相关信息。突发事件的信息发布应当有利于救援工作的开展。其他参与应急救援的单位可以发布有关本单位工作情况的信息，但不得发布对应急救援工作可能产生妨碍的信息。

第三十八条 发生突发事件时，指挥中心应当按照突发事件应急救援预案的通知程序，迅速将突发事件的基本情况通知有关单位，通知内容应当简单、明了。

第三十九条 发生突发事件后，机场应急救援处置工作应当在总指挥的统一指挥下，由消防、公安、医疗和其他驻场单位分别在本单位职责范围内行使分指挥权，特殊情况下，总指挥可以授权支援单位行使分指挥权。

实施突发事件救援时，机场应急救援总指挥或者其授权人应当服从地方人民政府领导及其突发事件应对部门的指挥，并根据地方人民政府领导及其突发事件应对部门的要求和命令，分时段、分区域向其移交指挥权。

发生本规则第八条所指明的应急救援等级为紧急出动的突发事件时，机场管理机构应当在最短的时间内组成应急救援现场指挥部，由机场应急救援总指挥或者其授权的人担任现场指挥员，在总指挥的总体救援行动意图下，统一指挥突发事件现场的各救援单位的救援行动。

有火情的突发事件发生后，总指挥可以授权消防指挥员担任应急救援现场指挥员。

第四十条 突发事件发生后及在实施应急救援时，如需机场外的支援单位参加救援工作，应当由机场内相应的救援单位提出需求和方案，经总指挥批准后通知支援单位前来支援，紧急情况下，也可先通知支援单位到达集结地点，再向总指挥报告，经总指挥同意后参加救援工作。

第四十一条 涉及在空中的航空器突发事件需要紧急着陆时，空中交通管理部门按照相应突发事件应急救援预案协助该航空器着陆。

第四十二条 当发生本规则第八条所指明的应急救援响应等级为集结待命的突发事件时，各救援单位的人员及车辆设备应迅速按照应急救援预案的要求到达指定的集结地点集中待命，并立即向指挥中心报告，未经批准，不得离开集结位置，随时准备投入救援行动。

第四十三条 突发事件发生时，机场内行驶的车辆和行人应当避让参加救援的车辆，应急救援车辆在保证安全的条件下，可不受机场内车辆时速的限制。在服从现场交通民警的指挥下，救援车辆可以驶离规定的车道。

参加应急救援的车辆和人员需要进入运行中的跑道、滑行道及仪表着陆系统敏感区时，应当通过指挥中心征得空中交通管理部门的同意后方可进入。

机场管理机构应当制定特殊程序，以保证外援救援车辆和人员顺利、及时到达事故地点。

第四十四条 应急救援时，当需要在跑道上喷洒泡沫灭火剂时，不得因此降低机场应保持的消防救援等级的最低水平。

第四十五条 应急救援时，应当在交通方便的事发地点上风安全位置及时划定伤亡人员救治区和停放区，并用明显的标志予以标识。上述区域在夜间应当有充足的照明。

第四十六条 当航空器受到劫持或爆炸物威胁时，机场塔台管制人员应当积极配合指挥中心采取有效措施，将该航空器引导到隔离机位。

第四十七条 在实施应急救援工作时，参与救援的人员应当尽可能保护突发事件现场。

在航空器事故应急救援中，应当在事故调查组进入现场前，尽可能避免移动任何航空器残骸、散落物和罹难者遗体。如确需移动航空器残骸、散落物、罹难者遗体时，在移动前，应当进行照相、录像，有条件时应当绘制草图，以标明其移动前的状态和位置。同时，如有可能，在被移动的物体和遗体上粘贴标签，并在原位置上固定一根带有相应标签的标桩。所有发出的标签的记录应当妥善保存。

发生事故航空器驾驶舱内的任何仪表和操作部件，在被移动前，必须照相或者录像，有条件时应当绘图并做详细记录。

第四十八条 实施应急救援工作时，为保证救援工作的正常进行，机场公安机关应当在事故现场及时设立警戒线，任何非救援人员进入事故现场需经总指挥或者其授权人批准。

第四十九条 应急救援现场的灭火和人员救护工作结束后，残损航空器影响机场的正常安全运行的，机场管理机构应当配合当事航空器营运人或者其代理人，迅速将残损航空器搬离。

残损航空器的搬移责任应当由当事航空器营运人或者其代理人承担，具体搬移工作应当按照该航空器营运人或者其代理人与机场管理机构协商实施。

残损航空器搬移应当取得事故调查组负责人同意。

第五十条 应急救援工作结束后，机场应急救援工作领导小组或者其授权单位或者部门应当及时召集所有参与应急救援的单位对该次应急救援工作进行全面总结讲评，对暴露出的突发事件应急救援预案中不合理的部分及缺陷进行研究分析和修改完善，在该次应急救援工作结束 60 天内，将修改后的突发事件应急救援预案按照《民用机场使用许可规定》的要求报批后，印发实施。

机场管理机构应当在每次应对本规则第八条（三）中规定的紧急出动等级的应急救援工作结束后的 30 天内，将该次应急救援工作总结报送所在地民航地区管理局。

第五十一条 在事故调查机构进行事故调查时，机场管理机构及参与应急救援的各单位应当配合事故调查机构的调查，如实向事故调查组介绍事故现场的情况。

第七章　应急救援的日常
管理和演练

第五十二条　机场管理机构及其他驻场单位应当根据应急救援预案的要求定期组织应急救援演练，以检验其突发事件发生时的驰救时间、信息传递、通信系统、应急救援处置、协调配合和决策指挥、突发事件应急救援预案等，机场管理机构及参加应急救援的驻场单位均应当将应急救援演练列入年度工作计划。

驻机场的航空器营运人、空中交通管理部门及其他参加应急救援的单位，应当配合机场管理机构，做好应急救援演练工作。

第五十三条　应急救援演练分为综合演练、单项演练和桌面演练三种类型。

综合演练是由机场应急救援工作领导小组或者其授权单位组织，机场管理机构及其各驻机场参加应急救援的单位及协议支援单位参加，针对模拟的某一类型突发事件或几种类型突发事件的组合而进行的综合实战演练。

单项演练是由机场管理机构或参加应急救援的相关单位组织，参加应急救援的一个或几个单位参加，按照本单位所承担的应急救援责任，针对某一模拟的紧急情况进行的单项实战演练。

桌面演练也称指挥所推演，是由机场管理机构或参加应急救援的相关单位组织，各救援单位参加，针对模拟的某一类型突发事件或几种类型突发事件的组合以语言表达方式进行的综合非实战演练。

第五十四条　机场应急救援综合演练应当至少每三年举行一次，未举行综合演练的年度应当至少举行一次桌面演练，机场各参加应急救援的单位每年至少应当举行一次单项演练。

第五十五条　举行综合演练时，可以邀请当地人民政府及有关部门、民航地区管理局、航空器营运人及其他有关驻场单位人员以观察员身份参加，并参加演练后的总结讲评会。

第五十六条　在举行机场应急救援演练前，机场管理机构或者组织单项演练的相关单位应当组织编制应急救援演练计划，应急救援演练计划应当按照突发事件发生、发展的进程进行编制，应急救援演练计划可以是一种或几种突发事件的综合。演练计划主要包括：

（一）演练所模拟的突发事件类型、演练地点及日期；

（二）参加演练的单位；

（三）演练的程序；

（四）演练场地的布置及模拟的紧急情况；

（五）规定的救援人员及车辆的集结地点及行走路线；

（六）演练结束和演练中止的通知方式。

应急救援演练计划制定完毕并经应急救援领导小组同意后，应当在演练实施两周前报送民航地区管理局。

第五十七条　机场管理机构在举行应急救援演练时，原则上应当采取措施保持机场应急救援的正常保障能力，尽可能地避免影响机场的正常运行。如果由于应急救援演练致使本机场的正常保障能力在演练期间不能满足相应标准要求的，应当就这一情况通知空中交通管理部门发布航行通告，并在演练后，尽快恢复应急救援的正常保障能力。

举行综合演练时，机场管理机构应当视情事先通报相关部门。

第五十八条 演练工作应当坚持指挥与督导分开的原则。演练时，应当在演练指挥机构之外另设演练督导组。

第五十九条 演练督导组应当由民航地区管理局在收到演练计划后召集。综合演练督导组应当由民用航空管理部门、地方人民政府及其有关部门、机场管理机构、相关航空器营运人、空中交通管理单位人员及特邀专家组成。

演练督导组应当在演练实施前研究并熟悉参演机场的应急救援预案和本次应急救援演练计划，全程跟踪演练进程，并在演练中提出各种实际救援中可能出现的复杂或者意外情况交指挥中心应对。

对于演练督导组提出的情况，指挥中心及相关救援单位应当做出响应。

演练督导组的具体工作程序和行为规范由民航局另行制定。

第六十条 演练督导组应当对机场应急救援演练工作进行监督检查，演练督导组应当根据演练形式和规模派出足够的督导人员，进入演练现场，对演练涉及的各个方面实施全程监督检查。

第六十一条 应急救援演练结束后，演练组织者应召集各参演单位负责人进行总结讲评。总结讲评活动中，演练督导组应当就演练的总体评价、演练的组织、演练计划、演练人员和设备等方面提出综合评价意见。

第八章 法律责任

第六十二条 机场管理机构未按照本规则的要求，有下列行为之一的，由民航管理部门责令限期改正，并处以警告；情节严重的，处以 1 万元以上 3 万元以下的罚款：

（一）未按照本规则第十二条要求设立指挥中心的；

（二）未按照本规则二十五条的要求设立隔离机位的；

（三）未按照本规则第五十条或者第六十一条的要求，在应急救援或者应急救援综合演练工作后及时进行总结讲评的。

第六十三条 机场管理机构或其他参加应急救援的单位，有下列行为之一的，由民航管理部门责令其限期改正，并处以 5 千元以上 1 万元以下罚款：

（一）未按照本规则第二十四条的要求张挂和及时更新应急救援方格网图的；

（二）未按照本规则第三十条要求制作足够的救援人员识别标志的；

（三）违反本规则第三十七条规定发布妨碍应急救援工作信息的。

第六十四条 机场管理机构有以下行为之一的，由民航地区管理局责令限期改正，处以 1 万元以上 5 万元以下的罚款：

（一）未按照本规则第二十六条、第二十七条、第二十八条、第二十九条、第三十一条、第三十二条、第三十三条的要求，配备相应的设备和器材，并保持其适用状态的；

（二）未按照本规则第七章的要求组织应急救援演练的。

第六十五条 机场管理机构或其他参加应急救援的单位，有下列行为之一的，由民航管理部门责令其限期改正，并处以 5 千元以上 2 万元以下罚款：

（一）未按照本规则第三十四条的要求，在机场运行期间保持相关标准要求的应对突发事件的救援人员，导致机场应急救援未能及时实施的；

（二）违反本规则第三十四条的要求，参加应急救援各单位的值班领导、部门领导及员工不了解本单位、本部门及本岗位在应急救援工作中的职责和预案的；

（三）未按照本规则第三十五条的要求对参加应急救援的人员进行培训的。

第六十六条 机场管理机构或者其他参加应急救援的单位有下列行为之一的，由民航管理部门处以 1 万元以上 3 万元以下罚款：

（一）违反本规则第三十六条，发现紧急情况不按规定程序报告的；

（二）违反本规则第三十八条，接到紧急情况报告，不按规定程序通知到有关单位的；

（三）违反本规则第四十四条规定在跑道上喷洒泡沫灭火剂从而降低机场应保持的消防救援等级的最低水平的；

（四）未按照本规则第四十五条规定，及时划定伤亡人员救治区和停放区的；

（五）违反本规则第四十九条的规定，残损航空器搬移工作中有关各方互相推诿，严重影响机场开放正常运行的；

（六）违反本规则第五十七条，在举行应急救援演练时未保持机场正常运行时应有的应急救援保障能力的。

第九章　附　则

第六十七条 中华人民共和国缔结或者参加的国际条约与本规则有不同规定的，适用国际条约的规定，但中华人民共和国声明保留的条款除外。

第六十八条 在民航局制定通用机场突发事件应急救援管理规则之前，通用机场可以结合本机场的具体情况参照本规则制定突发事件应急救援预案，报所在地民航地区管理局备案。

第六十九条 在本规则规定区域外发生的突发事件，按照《中华人民共和国搜寻援救民用航空器规定》执行。

第七十条 航空器受到非法干扰和机场设施受爆炸物威胁所涉及的突发事件应急救援预案按照国家其他相关规定办理。

第七十一条 应急救援工作实行有偿服务，应当采用先救援后结算的办法。具体收费标准和收费计算方法由有关各方本着公平合理、等价有偿的原则协商确定。

第七十二条 本规则自 2016 年 5 月 21 日起施行。2000 年 4 月 3 日发布的《民用运输机场应急救援规则》（民航总局令第 90 号）同时废止。

自然灾害救助条例

中华人民共和国国务院令

第 577 号

《自然灾害救助条例》已经 2010 年 6 月 30 日国务院第 117 次常务会议通过，现予公布，自 2010 年 9 月 1 日起施行。

总理 温家宝

二〇一〇年七月八日

第一章 总 则

第一条 为了规范自然灾害救助工作，保障受灾人员基本生活，制定本条例。

第二条 自然灾害救助工作遵循以人为本、政府主导、分级管理、社会互助、灾民自救的原则。

第三条 自然灾害救助工作实行各级人民政府行政领导

负责制。

国家减灾委员会负责组织、领导全国的自然灾害救助工作，协调开展重大自然灾害救助活动。国务院民政部门负责全国的自然灾害救助工作，承担国家减灾委员会的具体工作。国务院有关部门按照各自职责做好全国的自然灾害救助相关工作。

县级以上地方人民政府或者人民政府的自然灾害救助应急综合协调机构，组织、协调本行政区域的自然灾害救助工作。县级以上地方人民政府民政部门负责本行政区域的自然灾害救助工作。县级以上地方人民政府有关部门按照各自职责做好本行政区域的自然灾害救助相关工作。

第四条 县级以上人民政府应当将自然灾害救助工作纳入国民经济和社会发展规划，建立健全与自然灾害救助需求相适应的资金、物资保障机制，将人民政府安排的自然灾害救助资金和自然灾害救助工作经费纳入财政预算。

第五条 村民委员会、居民委员会以及红十字会、慈善会和公募基金会等社会组织，依法协助人民政府开展自然灾害救助工作。

国家鼓励和引导单位和个人参与自然灾害救助捐赠、志愿服务等活动。

第六条 各级人民政府应当加强防灾减灾宣传教育，提高公民的防灾避险意识和自救互救能力。

村民委员会、居民委员会、企业事业单位应当根据所在地人民政府的要求，结合各自的实际情况，开展防灾减灾应急知识的宣传普及活动。

第七条 对在自然灾害救助中作出突出贡献的单位和个人，按照国家有关规定给予表彰和奖励。

第二章　救助准备

第八条　县级以上地方人民政府及其有关部门应当根据有关法律、法规、规章，上级人民政府及其有关部门的应急预案以及本行政区域的自然灾害风险调查情况，制定相应的自然灾害救助应急预案。

自然灾害救助应急预案应当包括下列内容：

（一）自然灾害救助应急组织指挥体系及其职责；

（二）自然灾害救助应急队伍；

（三）自然灾害救助应急资金、物资、设备；

（四）自然灾害的预警预报和灾情信息的报告、处理；

（五）自然灾害救助应急响应的等级和相应措施；

（六）灾后应急救助和居民住房恢复重建措施。

第九条　县级以上人民政府应当建立健全自然灾害救助应急指挥技术支撑系统，并为自然灾害救助工作提供必要的交通、通信等装备。

第十条　国家建立自然灾害救助物资储备制度，由国务院民政部门分别会同国务院财政部门、发展改革部门制定全国自然灾害救助物资储备规划和储备库规划，并组织实施。

设区的市级以上人民政府和自然灾害多发、易发地区的县级人民政府应当根据自然灾害特点、居民人口数量和分布等情况，按照布局合理、规模适度的原则，设立自然灾害救助物资储备库。

第十一条　县级以上地方人民政府应当根据当地居民人口数量和分布等情况，利用公园、广场、体育场馆等公共设施，统筹规划设立应急避难场所，并设置明显标志。

启动自然灾害预警响应或者应急响应，需要告知居民前往应急避难场所的，县级以上地方人民政府或者人民政府的自然灾害救助应急综合协调机构应当通过广播、电视、手机短信、电子显示屏、互联网等方式，及时公告应急避难场所的具体地址和到达路径。

第十二条　县级以上地方人民政府应当加强自然灾害救助人员的队伍建设和业务培训，村民委员会、居民委员会和企业事业单位应当设立专职或者兼职的自然灾害信息员。

第三章　应急救助

第十三条　县级以上人民政府或者人民政府的自然灾害救助应急综合协调机构应当根据自然灾害预警预报启动预警响应，采取下列一项或者多项措施：

（一）向社会发布规避自然灾害风险的警告，宣传避险常识和技能，提示公众做好自救互救准备；

（二）开放应急避难场所，疏散、转移易受自然灾害危害的人员和财产，情况紧急时，实行有组织的避险转移；

（三）加强对易受自然灾害危害的乡村、社区以及公共场所的安全保障；

（四）责成民政等部门做好基本生活救助的准备。

第十四条　自然灾害发生并达到自然灾害救助应急预案启动条件的，县级以上人民政府或者人民政府的自然灾害救助应急综合协调机构应当及时启动自然灾害救助应急响应，采取下列一项或者多项措施：

（一）立即向社会发布政府应对措施和公众防范措施；

（二）紧急转移安置受灾人员；

（三）紧急调拨、运输自然灾害救助应急资金和物资，及时向受灾人员提供食品、饮用水、衣被、取暖、临时住所、医疗防疫等应急救助，保障受灾人员基本生活；

（四）抚慰受灾人员，处理遇难人员善后事宜；

（五）组织受灾人员开展自救互救；

（六）分析评估灾情趋势和灾区需求，采取相应的自然灾害救助措施；

（七）组织自然灾害救助捐赠活动。

对应急救助物资，各交通运输主管部门应当组织优先运输。

第十五条　在自然灾害救助应急期间，县级以上地方人民政府或者人民政府的自然灾害救助应急综合协调机构可以在本行政区域内紧急征用物资、设备、交通运输工具和场地，自然灾害救助应急工作结束后应当及时归还，并按照国家有关规定给予补偿。

第十六条　自然灾害造成人员伤亡或者较大财产损失的，受灾地区县级人民政府民政部门应当立即向本级人民政府和上一级人民政府民政部门报告。

自然灾害造成特别重大或者重大人员伤亡、财产损失的，受灾地区县级人民政府民政部门应当按照有关法律、行政法规和国务院应急预案规定的程序及时报告，必要时可以直接报告国务院。

第十七条　灾情稳定前，受灾地区人民政府民政部门应当每日逐级上报自然灾害造成的人员伤亡、财产损失和自然灾害救助工作动态等情况，并及时向社会发布。

灾情稳定后，受灾地区县级以上人民政府或者人民政府的自然灾害救助应急综合协调机构应当评估、核定并发布自然灾害损失情况。

第四章　灾后救助

第十八条　受灾地区人民政府应当在确保安全的前提下，采取就地安置与异地安置、政府安置与自行安置相结合的方式，对受灾人员进行过渡性安置。

就地安置应当选择在交通便利、便于恢复生产和生活的地点，并避开可能发生次生自然灾害的区域，尽量不占用或者少占用耕地。

受灾地区人民政府应当鼓励并组织受灾群众自救互救，恢复重建。

第十九条　自然灾害危险消除后，受灾地区人民政府应当统筹研究制订居民住房恢复重建规划和优惠政策，组织重建或者修缮因灾损毁的居民住房，对恢复重建确有困难的家庭予以重点帮扶。

居民住房恢复重建应当因地制宜、经济实用，确保房屋建设质量符合防灾减灾要求。

受灾地区人民政府民政等部门应当向经审核确认的居民住房恢复重建补助对象发放补助资金和物资，住房城乡建设等部门应当为受灾人员重建或者修缮因灾损毁的居民住房提供必要的技术支持。

第二十条　居民住房恢复重建补助对象由受灾人员本人申请或者由村民小组、居民小组提名。经村民委员会、居民委员会民主评议,符合救助条件的,在自然村、社区范围内公示;无异议或者经村民委员会、居民委员会民主评议异议不成立的,由村民委员会、居民委员会将评议意见和有关材料提交乡镇人民政府、街道办事处审核,报县级人民政府民政等部门审批。

第二十一条 自然灾害发生后的当年冬季、次年春季,受灾地区人民政府应当为生活困难的受灾人员提供基本生活救助。

受灾地区县级人民政府民政部门应当在每年10月底前统计、评估本行政区域受灾人员当年冬季、次年春季的基本生活困难和需求,核实救助对象,编制工作台账,制定救助工作方案,经本级人民政府批准后组织实施,并报上一级人民政府民政部门备案。

第五章 救助款物管理

第二十二条 县级以上人民政府财政部门、民政部门负责自然灾害救助资金的分配、管理并监督使用情况。

县级以上人民政府民政部门负责调拨、分配、管理自然灾害救助物资。

第二十三条 人民政府采购用于自然灾害救助准备和灾后恢复重建的货物、工程和服务,依照有关政府采购和招标投标的法律规定组织实施。自然灾害应急救助和灾后恢复重建中涉及紧急抢救、紧急转移安置和临时性救助的紧急采购活动,按照国家有关规定执行。

第二十四条 自然灾害救助款物专款(物)专用,无偿使用。

定向捐赠的款物,应当按照捐赠人的意愿使用。政府部门接受的捐赠人无指定意向的款物，由县级以上人民政府民政部门统筹安排用于自然灾害救助；社会组织接受的捐赠人无指定意向的款物，由社会组织按照有关规定用于自然灾害救助。

第二十五条　自然灾害救助款物应当用于受灾人员的紧急转移安置，基本生活救助，医疗救助，教育、医疗等公共服务设施和住房的恢复重建，自然灾害救助物资的采购、储存和运输，以及因灾遇难人员亲属的抚慰等项支出。

第二十六条　受灾地区人民政府民政、财政等部门和有关社会组织应当通过报刊、广播、电视、互联网，主动向社会公开所接受的自然灾害救助款物和捐赠款物的来源、数量及其使用情况。

受灾地区村民委员会、居民委员会应当公布救助对象及其接受救助款物数额和使用情况。

第二十七条　各级人民政府应当建立健全自然灾害救助款物和捐赠款物的监督检查制度，并及时受理投诉和举报。

第二十八条　县级以上人民政府监察机关、审计机关应当依法对自然灾害救助款物和捐赠款物的管理使用情况进行监督检查，民政、财政等部门和有关社会组织应当予以配合。

第六章　法律责任

第二十九条　行政机关工作人员违反本条例规定，有下列行为之一的，由任免机关或者监察机关依照法律法规给予处分；构成犯罪的，依法追究刑事责任：

（一）迟报、谎报、瞒报自然灾害损失情况，造成后果的；

（二）未及时组织受灾人员转移安置，或者在提供基本生活救助、组织恢复重建过程中工作不力，造成后果的；

（三）截留、挪用、私分自然灾害救助款物或者捐赠款物的；

（四）不及时归还征用的财产，或者不按照规定给予补偿的；

（五）有滥用职权、玩忽职守、徇私舞弊的其他行为的。

第三十条 采取虚报、隐瞒、伪造等手段，骗取自然灾害救助款物或者捐赠款物的，由县级以上人民政府民政部门责令限期退回违法所得的款物；构成犯罪的，依法追究刑事责任。

第三十一条 抢夺或者聚众哄抢自然灾害救助款物或者捐赠款物的，由县级以上人民政府民政部门责令停止违法行为；构成违反治安管理行为的，由公安机关依法给予治安管理处罚；构成犯罪的，依法追究刑事责任。

第三十二条 以暴力、威胁方法阻碍自然灾害救助工作人员依法执行职务，构成违反治安管理行为的，由公安机关依法给予治安管理处罚；构成犯罪的，依法追究刑事责任。

第七章　附　则

第三十三条 发生事故灾难、公共卫生事件、社会安全事件等突发事件，需要由县级以上人民政府民政部门开展生活救助的，参照本条例执行。

第三十四条 法律、行政法规对防灾、抗灾、救灾另有规定的，从其规定。

第三十五条 本条例自 2010 年 9 月 1 日起施行。

附　录

国家自然灾害救助应急预案

国务院办公厅关于印发国家自然灾害救助应急预案的通知

国办函〔2016〕25号

各省、自治区、直辖市人民政府，国务院各部委、各
直属机构：

经国务院同意，现将修订后的《国家自然灾害救
助应急预案》印发给你们，请认真组织实施。2011年
10月16日经国务院批准、由国务院办公厅印发的《国
家自然灾害救助应急预案》同时废止。

国务院办公厅

2016年3月10日

1　总则

1.1　编制目的

建立健全应对突发重大自然灾害救助体系和运行机制，规范
应急救助行为，提高应急救助能力，最大程度地减少人民群众生
命和财产损失，确保受灾人员基本生活，维护灾区社会稳定。

1.2 编制依据

《中华人民共和国突发事件应对法》、《中华人民共和国防洪法》、《中华人民共和国防震减灾法》、《中华人民共和国气象法》、《自然灾害救助条例》、《国家突发公共事件总体应急预案》等。

1.3 适用范围

本预案适用于我国境内发生自然灾害的国家应急救助工作。

当毗邻国家发生重特大自然灾害并对我国境内造成重大影响时，按照本预案开展国内应急救助工作。

发生其他类型突发事件，根据需要可参照本预案开展应急救助工作。

1.4 工作原则

坚持以人为本，确保受灾人员基本生活；坚持统一领导、综合协调、分级负责、属地管理为主；坚持政府主导、社会互助、群众自救，充分发挥基层群众自治组织和公益性社会组织的作用。

2 组织指挥体系

2.1 国家减灾委员会

国家减灾委员会（以下简称国家减灾委）为国家自然灾害救助应急综合协调机构，负责组织、领导全国的自然灾害救助工作，协调开展特别重大和重大自然灾害救助活动。国家减灾委成员单位按照各自职责做好自然灾害救助相关工作。国家减灾委办公室负责与相关部门、地方的沟通联络，组织开展灾情会商评估、灾害救助等工作，协调落实相关支持措施。

由国务院统一组织开展的抗灾救灾，按有关规定执行。

2.2 专家委员会

国家减灾委设立专家委员会,对国家减灾救灾工作重大决策和重要规划提供政策咨询和建议,为国家重大自然灾害的灾情评估、应急救助和灾后救助提出咨询意见。

3 灾害预警响应

气象、水利、国土资源、海洋、林业、农业等部门及时向国家减灾委办公室和履行救灾职责的国家减灾委成员单位通报自然灾害预警预报信息,测绘地信部门根据需要及时提供地理信息数据。国家减灾委办公室根据自然灾害预警预报信息,结合可能受影响地区的自然条件、人口和社会经济状况,对可能出现的灾情进行预评估,当可能威胁人民生命财产安全、影响基本生活、需要提前采取应对措施时,启动预警响应,视情采取以下一项或多项措施:

(1) 向可能受影响的省(区、市)减灾委或民政部门通报预警信息,提出灾害救助工作要求。

(2) 加强应急值守,密切跟踪灾害风险变化和发展趋势,对灾害可能造成的损失进行动态评估,及时调整相关措施。

(3) 通知有关中央救灾物资储备库做好救灾物资准备,紧急情况下提前调拨;启动与交通运输、铁路、民航等部门和单位的应急联动机制,做好救灾物资调运准备。

(4) 派出预警响应工作组,实地了解灾害风险,检查指导各项救灾准备工作。

(5) 向国务院、国家减灾委负责人、国家减灾委成员单位报告预警响应启动情况。

(6) 向社会发布预警响应启动情况。

灾害风险解除或演变为灾害后,国家减灾委办公室终止预警响应。

4 信息报告和发布

县级以上地方人民政府民政部门按照民政部《自然灾害情况统计制度》和《特别重大自然灾害损失统计制度》，做好灾情信息收集、汇总、分析、上报和部门间共享工作。

4.1 信息报告

4.1.1 对突发性自然灾害，县级人民政府民政部门应在灾害发生后 2 小时内将本行政区域灾情和救灾工作情况向本级人民政府和地市级人民政府民政部门报告；地市级和省级人民政府民政部门在接报灾情信息 2 小时内审核、汇总，并向本级人民政府和上一级人民政府民政部门报告。

对造成县级行政区域内 10 人以上死亡（含失踪）或房屋大量倒塌、农田大面积受灾等严重损失的突发性自然灾害，县级人民政府民政部门应在灾害发生后立即上报县级人民政府、省级人民政府民政部门和民政部。省级人民政府民政部门接报后立即报告省级人民政府。省级人民政府、民政部按照有关规定及时报告国务院。

4.1.2 特别重大、重大自然灾害灾情稳定前，地方各级人民政府民政部门执行灾情 24 小时零报告制度，逐级上报上级民政部门；灾情发生重大变化时，民政部立即向国务院报告。灾情稳定后，省级人民政府民政部门应在 10 日内审核、汇总灾情数据并向民政部报告。

4.1.3 对干旱灾害，地方各级人民政府民政部门应在旱情初显、群众生产和生活受到一定影响时，初报灾情；在旱情发展过程中，每 10 日续报一次灾情，直至灾情解除；灾情解除后及时核报。

4.1.4 县级以上地方人民政府要建立健全灾情会商制度，各级减灾委或者民政部门要定期或不定期组织相关部门召开灾情会商会，全面客观评估、核定灾情数据。

4.2 信息发布

信息发布坚持实事求是、及时准确、公开透明的原则。信息发布形式包括授权发布、组织报道、接受记者采访、举行新闻发布会等。要主动通过重点新闻网站或政府网站、政务微博、政务微信、政务客户端等发布信息。

灾情稳定前，受灾地区县级以上人民政府减灾委或民政部门应当及时向社会滚动发布自然灾害造成的人员伤亡、财产损失以及自然灾害救助工作动态、成效、下一步安排等情况；灾情稳定后，应当及时评估、核定并按有关规定发布自然灾害损失情况。

关于灾情核定和发布工作，法律法规另有规定的，从其规定。

5 国家应急响应

根据自然灾害的危害程度等因素，国家自然灾害救助应急响应分为Ⅰ、Ⅱ、Ⅲ、Ⅳ四级。

5.1 Ⅰ级响应

5.1.1 启动条件

某一省（区、市）行政区域内发生特别重大自然灾害，一次灾害过程出现下列情况之一的，启动Ⅰ级响应：

（1）死亡200人以上（含本数，下同）；

（2）紧急转移安置或需紧急生活救助200万人以上；

（3）倒塌和严重损坏房屋30万间或10万户以上；

（4）干旱灾害造成缺粮或缺水等生活困难，需政府救助人数占该省（区、市）农牧业人口30%以上或400万人以上。

5.1.2　启动程序

灾害发生后，国家减灾委办公室经分析评估，认定灾情达到启动标准，向国家减灾委提出启动Ⅰ级响应的建议；国家减灾委决定启动Ⅰ级响应。

5.1.3　响应措施

国家减灾委主任统一组织、领导、协调国家层面自然灾害救助工作，指导支持受灾省（区、市）自然灾害救助工作。国家减灾委及其成员单位视情采取以下措施：

（1）召开国家减灾委会商会，国家减灾委各成员单位、专家委员会及有关受灾省（区、市）参加，对指导支持灾区减灾救灾重大事项作出决定。

（2）国家减灾委负责人率有关部门赴灾区指导自然灾害救助工作，或派出工作组赴灾区指导自然灾害救助工作。

（3）国家减灾委办公室及时掌握灾情和救灾工作动态信息，组织灾情会商，按照有关规定统一发布灾情，及时发布灾区需求。国家减灾委有关成员单位做好灾情、灾区需求及救灾工作动态等信息共享，每日向国家减灾委办公室通报有关情况。必要时，国家减灾委专家委员会组织专家进行实时灾情、灾情发展趋势以及灾区需求评估。

（4）根据地方申请和有关部门对灾情的核定情况，财政部、民政部及时下拨中央自然灾害生活补助资金。民政部紧急调拨生活救助物资，指导、监督基层救灾应急措施落实和救灾款物发放；交通运输、铁路、民航等部门和单位协调指导开展救灾物资、人员运输工作。

（5）公安部加强灾区社会治安、消防安全和道路交通应急管理，协助组织灾区群众紧急转移。军队、武警有关部门根据国家有关部门和地方人民政府请求，组织协调军队、武警、民兵、预备役部队参加救灾，必要时协助地方人民政府运送、发放救灾物资。

（6）国家发展改革委、农业部、商务部、国家粮食局保障市场供应和价格稳定。工业和信息化部组织基础电信运营企业做好应急通信保障工作，组织协调救灾装备、防护和消杀用品、医药等生产供应工作。住房城乡建设部指导灾后房屋建筑和市政基础设施工程的安全应急评估等工作。水利部指导灾区水利工程修复、水利行业供水和乡镇应急供水工作。国家卫生计生委及时组织医疗卫生队伍赴灾区协助开展医疗救治、卫生防病和心理援助等工作。科技部提供科技方面的综合咨询建议，协调适用于灾区救援的科技成果支持救灾工作。国家测绘地信局准备灾区地理信息数据，组织灾区现场影像获取等应急测绘，开展灾情监测和空间分析，提供应急测绘保障服务。

（7）中央宣传部、新闻出版广电总局等组织做好新闻宣传等工作。

（8）民政部向社会发布接受救灾捐赠的公告，组织开展跨省（区、市）或者全国性救灾捐赠活动，呼吁国际救灾援助，统一接收、管理、分配国际救灾捐赠款物，指导社会组织、志愿者等社会力量参与灾害救助工作。外交部协助做好救灾的涉外工作。中国红十字会总会依法开展救灾募捐活动，参与救灾工作。

（9）国家减灾委办公室组织开展灾区社会心理影响评估，并根据需要实施心理抚慰。

（10）灾情稳定后，根据国务院关于灾害评估工作的有关部署，民政部、受灾省（区、市）人民政府、国务院有关部门组织开展灾害损失综合评估工作。国家减灾委办公室按有关规定统一发布自然灾害损失情况。

（11）国家减灾委其他成员单位按照职责分工，做好有关工作。

5.2　Ⅱ级响应

5.2.1　启动条件

某一省（区、市）行政区域内发生重大自然灾害，一次灾害过程出现下列情况之一的，启动Ⅱ级响应：

（1）死亡 100 人以上、200 人以下（不含本数，下同）；

（2）紧急转移安置或需紧急生活救助 100 万人以上、200 万人以下；

（3）倒塌和严重损坏房屋 20 万间或 7 万户以上、30 万间或 10 万户以下；

（4）干旱灾害造成缺粮或缺水等生活困难，需政府救助人数占该省（区、市）农牧业人口 25% 以上、30% 以下，或 300 万人以上、400 万人以下。

5.2.2　启动程序

灾害发生后，国家减灾委办公室经分析评估，认定灾情达到启动标准，向国家减灾委提出启动Ⅱ级响应的建议；国家减灾委副主任（民政部部长）决定启动Ⅱ级响应，并向国家减灾委主任报告。

5.2.3　响应措施

国家减灾委副主任（民政部部长）组织协调国家层面自然灾害救助工作，指导支持受灾省（区、市）自然灾害救助工作。国家减灾委及其成员单位视情采取以下措施：

（1）国家减灾委副主任主持召开会商会，国家减灾委成员单位、专家委员会及有关受灾省（区、市）参加，分析灾区形势，研究落实对灾区的救灾支持措施。

（2）派出由国家减灾委副主任或民政部负责人带队、有关部门参加的工作组赴灾区慰问受灾群众，核查灾情，指导地方开展救灾工作。

（3）国家减灾委办公室及时掌握灾情和救灾工作动态信息，组织灾情会商，按照有关规定统一发布灾情，及时发布灾区需求。国家减灾委有关成员单位做好灾情、灾区需求及救灾工作动态等信息共享，每日向国家减灾委办公室通报有关情况。必要时，国家减灾委专家委员会组织专家进行实时灾情、灾情发展趋势以及灾区需求评估。

（4）根据地方申请和有关部门对灾情的核定情况，财政部、民政部及时下拨中央自然灾害生活补助资金。民政部紧急调拨生活救助物资，指导、监督基层救灾应急措施落实和救灾款物发放；交通运输、铁路、民航等部门和单位协调指导开展救灾物资、人员运输工作。

（5）国家卫生计生委根据需要，及时派出医疗卫生队伍赴灾区协助开展医疗救治、卫生防病和心理援助等工作。测绘地信部门准备灾区地理信息数据，组织灾区现场影像获取等应急测绘，开展灾情监测和空间分析，提供应急测绘保障服务。

（6）中央宣传部、新闻出版广电总局等指导做好新闻宣传等工作。

（7）民政部指导社会组织、志愿者等社会力量参与灾害救助工作。中国红十字会总会依法开展救灾募捐活动，参与救灾工作。

（8）国家减灾委办公室组织开展灾区社会心理影响评估，并根据需要实施心理抚慰。

（9）灾情稳定后，受灾省（区、市）人民政府组织开展灾害损失综合评估工作，及时将评估结果报送国家减灾委。国家减灾委办公室组织核定并按有关规定统一发布自然灾害损失情况。

（10）国家减灾委其他成员单位按照职责分工，做好有关工作。

5.3 Ⅲ级响应

5.3.1 启动条件

某一省（区、市）行政区域内发生重大自然灾害，一次灾害过程出现下列情况之一的，启动Ⅲ级响应：

（1）死亡50人以上、100人以下；

（2）紧急转移安置或需紧急生活救助50万人以上、100万人以下；

（3）倒塌和严重损坏房屋10万间或3万户以上、20万间或7万户以下；

（4）干旱灾害造成缺粮或缺水等生活困难，需政府救助人数占该省（区、市）农牧业人口20%以上、25%以下，或200万人以上、300万人以下。

5.3.2 启动程序

灾害发生后，国家减灾委办公室经分析评估，认定灾情达到启动标准，向国家减灾委提出启动Ⅲ级响应的建议；国家减灾委秘书长决定启动Ⅲ级响应。

5.3.3 响应措施

国家减灾委秘书长组织协调国家层面自然灾害救助工作，

指导支持受灾省（区、市）自然灾害救助工作。国家减灾委及其成员单位视情采取以下措施：

（1）国家减灾委办公室及时组织有关部门及受灾省（区、市）召开会商会，分析灾区形势，研究落实对灾区的救灾支持措施。

（2）派出由民政部负责人带队、有关部门参加的联合工作组赴灾区慰问受灾群众，核查灾情，协助指导地方开展救灾工作。

（3）国家减灾委办公室及时掌握并按照有关规定统一发布灾情和救灾工作动态信息。

（4）根据地方申请和有关部门对灾情的核定情况，财政部、民政部及时下拨中央自然灾害生活补助资金。民政部紧急调拨生活救助物资，指导、监督基层救灾应急措施落实和救灾款物发放；交通运输、铁路、民航等部门和单位协调指导开展救灾物资、人员运输工作。

（5）国家减灾委办公室组织开展灾区社会心理影响评估，并根据需要实施心理抚慰。国家卫生计生委指导受灾省（区、市）做好医疗救治、卫生防病和心理援助工作。

（6）民政部指导社会组织、志愿者等社会力量参与灾害救助工作。

（7）灾情稳定后，国家减灾委办公室指导受灾省（区、市）评估、核定自然灾害损失情况。

（8）国家减灾委其他成员单位按照职责分工，做好有关工作。

5.4　Ⅳ级响应

5.4.1　启动条件

某一省（区、市）行政区域内发生重大自然灾害，一次灾害过程出现下列情况之一的，启动Ⅳ级响应：

（1）死亡20人以上、50人以下；

（2）紧急转移安置或需紧急生活救助10万人以上、50万人以下；

（3）倒塌和严重损坏房屋1万间或3000户以上、10万间或3万户以下；

（4）干旱灾害造成缺粮或缺水等生活困难，需政府救助人数占该省（区、市）农牧业人口15%以上、20%以下，或100万人以上、200万人以下。

5.4.2 启动程序

灾害发生后，国家减灾委办公室经分析评估，认定灾情达到启动标准，由国家减灾委办公室常务副主任决定启动Ⅳ级响应。

5.4.3 响应措施

国家减灾委办公室组织协调国家层面自然灾害救助工作，指导支持受灾省（区、市）自然灾害救助工作。国家减灾委及其成员单位视情采取以下措施：

（1）国家减灾委办公室视情组织有关部门和单位召开会商会，分析灾区形势，研究落实对灾区的救灾支持措施。

（2）国家减灾委办公室派出工作组赴灾区慰问受灾群众，核查灾情，协助指导地方开展救灾工作。

（3）国家减灾委办公室及时掌握并按照有关规定统一发布灾情和救灾工作动态信息。

（4）根据地方申请和有关部门对灾情的核定情况，财政部、民政部及时下拨中央自然灾害生活补助资金。民政部紧急调拨生活救助物资，指导、监督基层救灾应急措施落实和救灾款物发放。

（5）国家卫生计生委指导受灾省（区、市）做好医疗救治、卫生防病和心理援助工作。

（6）国家减灾委其他成员单位按照职责分工，做好有关工作。

5.5 启动条件调整

对灾害发生在敏感地区、敏感时间和救助能力特别薄弱的"老、少、边、穷"地区等特殊情况，或灾害对受灾省（区、市）经济社会造成重大影响时，启动国家自然灾害救助应急响应的标准可酌情调整。

5.6 响应终止

救灾应急工作结束后，由国家减灾委办公室提出建议，启动响应的单位决定终止响应。

6 灾后救助与恢复重建

6.1 过渡期生活救助

6.1.1 特别重大、重大灾害发生后，国家减灾委办公室组织有关部门、专家及灾区民政部门评估灾区过渡期生活救助需求情况。

6.1.2 财政部、民政部及时拨付过渡期生活救助资金。民政部指导灾区人民政府做好过渡期生活救助的人员核定、资金发放等工作。

6.1.3 民政部、财政部监督检查灾区过渡期生活救助政策和措施的落实，定期通报灾区救助工作情况，过渡期生活救助工作结束后组织绩效评估。

6.2 冬春救助

自然灾害发生后的当年冬季、次年春季，受灾地区人民政府为生活困难的受灾人员提供基本生活救助。

6.2.1　民政部每年9月下旬开展冬春受灾群众生活困难情况调查,并会同省级人民政府民政部门,组织有关专家赴灾区开展受灾群众生活困难状况评估,核实情况。

6.2.2　受灾地区县级人民政府民政部门应当在每年10月底前统计、评估本行政区域受灾人员当年冬季、次年春季的基本生活救助需求,核实救助对象,编制工作台账,制定救助工作方案,经本级人民政府批准后组织实施,并报上一级人民政府民政部门备案。

6.2.3　根据省级人民政府或其民政、财政部门的资金申请,结合灾情评估情况,财政部、民政部确定资金补助方案,及时下拨中央自然灾害生活补助资金,专项用于帮助解决冬春受灾群众吃饭、穿衣、取暖等基本生活困难。

6.2.4　民政部通过开展救灾捐赠、对口支援、政府采购等方式解决受灾群众的过冬衣被等问题,组织有关部门和专家评估全国冬春期间中期和终期救助工作绩效。发展改革、财政等部门组织落实以工代赈、灾歉减免政策,粮食部门确保粮食供应。

6.3　倒损住房恢复重建

因灾倒损住房恢复重建要尊重群众意愿,以受灾户自建为主,由县级人民政府负责组织实施。建房资金等通过政府救助、社会互助、邻里帮工帮料、以工代赈、自行借贷、政策优惠等多种途径解决。重建规划和房屋设计要根据灾情因地制宜确定方案,科学安排项目选址,合理布局,避开地震断裂带、地质灾害隐患点、泄洪通道等,提高抗灾设防能力,确保安全。

6.3.1　民政部根据省级人民政府民政部门倒损住房核定情况,视情组织评估小组,参考其他灾害管理部门评估数据,对因灾倒损住房情况进行综合评估。

6.3.2 民政部收到受灾省（区、市）倒损住房恢复重建补助资金的申请后，根据评估小组的倒损住房情况评估结果，按照中央倒损住房恢复重建资金补助标准，提出资金补助建议，商财政部审核后下达。

6.3.3 住房重建工作结束后，地方各级民政部门应采取实地调查、抽样调查等方式，对本地倒损住房恢复重建补助资金管理工作开展绩效评估，并将评估结果报上一级民政部门。民政部收到省级人民政府民政部门上报本行政区域内的绩效评估情况后，通过组成督查组开展实地抽查等方式，对全国倒损住房恢复重建补助资金管理工作进行绩效评估。

6.3.4 住房城乡建设部门负责倒损住房恢复重建的技术支持和质量监督等工作。测绘地信部门负责灾后恢复重建的测绘地理信息保障服务工作。其他相关部门按照各自职责，做好重建规划、选址，制定优惠政策，支持做好住房重建工作。

6.3.5 由国务院统一组织开展的恢复重建，按有关规定执行。

7 保障措施

7.1 资金保障

财政部、国家发展改革委、民政部等部门根据《中华人民共和国预算法》、《自然灾害救助条例》等规定，安排中央救灾资金预算，并按照救灾工作分级负责、救灾资金分级负担、以地方为主的原则，建立完善中央和地方救灾资金分担机制，督促地方政府加大救灾资金投入力度。

7.1.1 县级以上人民政府将自然灾害救助工作纳入国民经济和社会发展规划，建立健全与自然灾害救助需求相适应的资金、物资保障机制，将自然灾害救助资金和自然灾害救助工作经费纳入财政预算。

7.1.2　中央财政每年综合考虑有关部门灾情预测和上年度实际支出等因素，合理安排中央自然灾害生活补助资金，专项用于帮助解决遭受特别重大、重大自然灾害地区受灾群众的基本生活困难。

7.1.3　中央和地方政府根据经济社会发展水平、自然灾害生活救助成本等因素适时调整自然灾害救助政策和相关补助标准。

7.2　物资保障

7.2.1　合理规划、建设中央和地方救灾物资储备库，完善救灾物资储备库的仓储条件、设施和功能，形成救灾物资储备网络。设区的市级以上人民政府和自然灾害多发、易发地区的县级人民政府应当根据自然灾害特点、居民人口数量和分布等情况，按照布局合理、规模适度的原则，设立救灾物资储备库（点）。救灾物资储备库（点）建设应统筹考虑各行业应急处置、抢险救灾等方面需要。

7.2.2　制定救灾物资储备规划，合理确定储备品种和规模；建立健全救灾物资采购和储备制度，每年根据应对重大自然灾害的要求储备必要物资。按照实物储备和能力储备相结合的原则，建立救灾物资生产厂家名录，健全应急采购和供货机制。

7.2.3　制定完善救灾物资质量技术标准、储备库（点）建设和管理标准，完善救灾物资发放全过程管理。建立健全救灾物资应急保障和征用补偿机制。建立健全救灾物资紧急调拨和运输制度。

7.3　通信和信息保障

7.3.1　通信运营部门应依法保障灾情传送网络畅通。自然灾害救助信息网络应以公用通信网为基础，合理组建灾情专用通信网络，确保信息畅通。

7.3.2 加强中央级灾情管理系统建设，指导地方建设、管理救灾通信网络，确保中央和地方各级人民政府及时准确掌握重大灾情。

7.3.3 充分利用现有资源、设备，完善灾情和数据共享平台，完善部门间灾情共享机制。

7.4 装备和设施保障

中央各有关部门应配备救灾管理工作必需的设备和装备。县级以上地方人民政府要建立健全自然灾害救助应急指挥技术支撑系统，并为自然灾害救助工作提供必要的交通、通信等设备。

县级以上地方人民政府要根据当地居民人口数量和分布等情况，利用公园、广场、体育场馆等公共设施，统筹规划设立应急避难场所，并设置明显标志。自然灾害多发、易发地区可规划建设专用应急避难场所。

7.5 人力资源保障

7.5.1 加强自然灾害各类专业救灾队伍建设、灾害管理人员队伍建设，提高自然灾害救助能力。支持、培育和发展相关社会组织和志愿者队伍，鼓励和引导其在救灾工作中发挥积极作用。

7.5.2 组织民政、国土资源、环境保护、交通运输、水利、农业、商务、卫生计生、安全监管、林业、地震、气象、海洋、测绘地信、红十字会等方面专家，重点开展灾情会商、赴灾区现场评估及灾害管理的业务咨询工作。

7.5.3 推行灾害信息员培训和职业资格证书制度，建立健全覆盖中央、省、市、县、乡镇（街道）、村（社区）的灾害信息员队伍。村民委员会、居民委员会和企事业单位应当设立专职或者兼职的灾害信息员。

7.6 社会动员保障

完善救灾捐赠管理相关政策，建立健全救灾捐赠动员、运行和监督管理机制，规范救灾捐赠的组织发动、款物接收、统计、分配、使用、公示反馈等各个环节的工作。完善接收境外救灾捐赠管理机制。

完善非灾区支援灾区、轻灾区支援重灾区的救助对口支援机制。

科学组织、有效引导，充分发挥乡镇人民政府、街道办事处、村民委员会、居民委员会、企事业单位、社会组织和志愿者在灾害救助中的作用。

7.7 科技保障

7.7.1 建立健全环境与灾害监测预报卫星、环境卫星、气象卫星、海洋卫星、资源卫星、航空遥感等对地监测系统，发展地面应用系统和航空平台系统，建立基于遥感、地理信息系统、模拟仿真、计算机网络等技术的"天地空"一体化的灾害监测预警、分析评估和应急决策支持系统。开展地方空间技术减灾应用示范和培训工作。

7.7.2 组织民政、国土资源、环境保护、交通运输、水利、农业、卫生计生、安全监管、林业、地震、气象、海洋、测绘地信等方面专家及高等院校、科研院所等单位专家开展灾害风险调查，编制全国自然灾害风险区划图，制定相关技术和管理标准。

7.7.3 支持和鼓励高等院校、科研院所、企事业单位和社会组织开展灾害相关领域的科学研究和技术开发，建立合作机制，鼓励减灾救灾政策理论研究。

7.7.4 利用空间与重大灾害国际宪章、联合国灾害管理与应急反应天基信息平台等国际合作机制，拓展灾害遥感信息资源渠道，加强国际合作。

7.7.5 开展国家应急广播相关技术、标准研究，建立国家应急广播体系，实现灾情预警预报和减灾救灾信息全面立体覆盖。加快国家突发公共事件预警信息发布系统建设，及时向公众发布自然灾害预警。

7.8 宣传和培训

组织开展全国性防灾减灾救灾宣传活动，利用各种媒体宣传应急法律法规和灾害预防、避险、避灾、自救、互救、保险的常识，组织好"防灾减灾日"、"国际减灾日"、"世界急救日"、"全国科普日"、"全国消防日"和"国际民防日"等活动，加强防灾减灾科普宣传，提高公民防灾减灾意识和科学防灾减灾能力。积极推进社区减灾活动，推动综合减灾示范社区建设。

组织开展对地方政府分管负责人、灾害管理人员和专业应急救灾队伍、社会组织和志愿者的培训。

8 附则

8.1 术语解释

本预案所称自然灾害主要包括干旱、洪涝灾害，台风、风雹、低温冷冻、雪、沙尘暴等气象灾害，火山、地震灾害，山体崩塌、滑坡、泥石流等地质灾害，风暴潮、海啸等海洋灾害，森林草原火灾等。

8.2 预案演练

国家减灾委办公室协同国家减灾委成员单位制定应急演练

计划并定期组织演练。

8.3 预案管理

本预案由民政部制订，报国务院批准后实施。预案实施后民政部应适时召集有关部门和专家进行评估，并视情况变化作出相应修改后报国务院审批。地方各级人民政府的自然灾害救助综合协调机构应根据本预案修订本地区自然灾害救助应急预案。

8.4 预案解释

本预案由民政部负责解释。

8.5 预案实施时间

本预案自印发之日起实施。